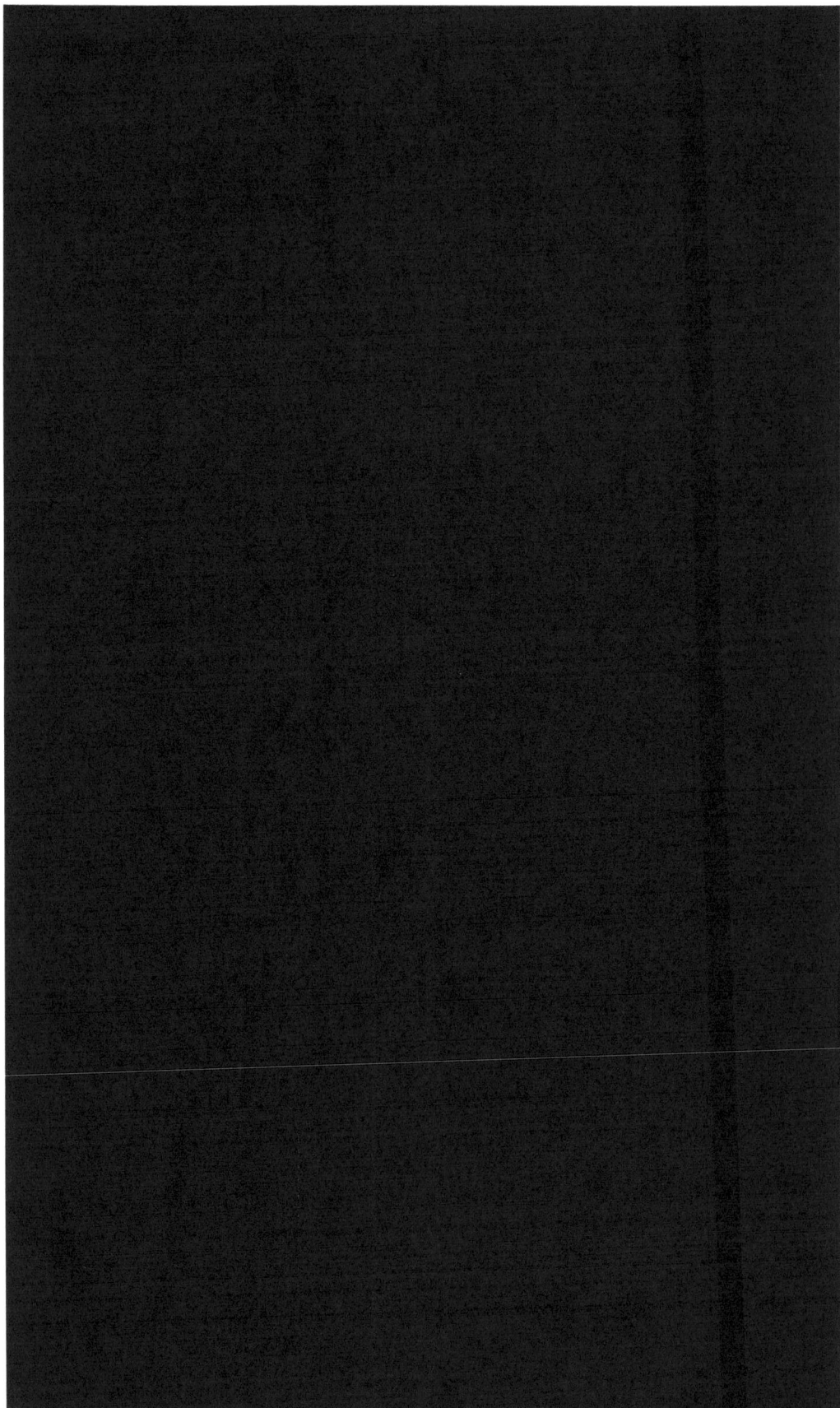

Docteur Octave SIRO

Médecin de l'Hôtel-Dieu de Beaui

Ame & Cerveau

ETUDE PHYSIOLOGIQUE & PSYCHOLOGIQUE

13 figures dans le texte

TROISIÈME ÉDITION

REVUE ET AUGMENTÉE

A. CRETIN-PELLION, ÉDITEUR

LIBRAIRIE — PLACE MONGE

BEAUNE

1901

AME & CERVEAU

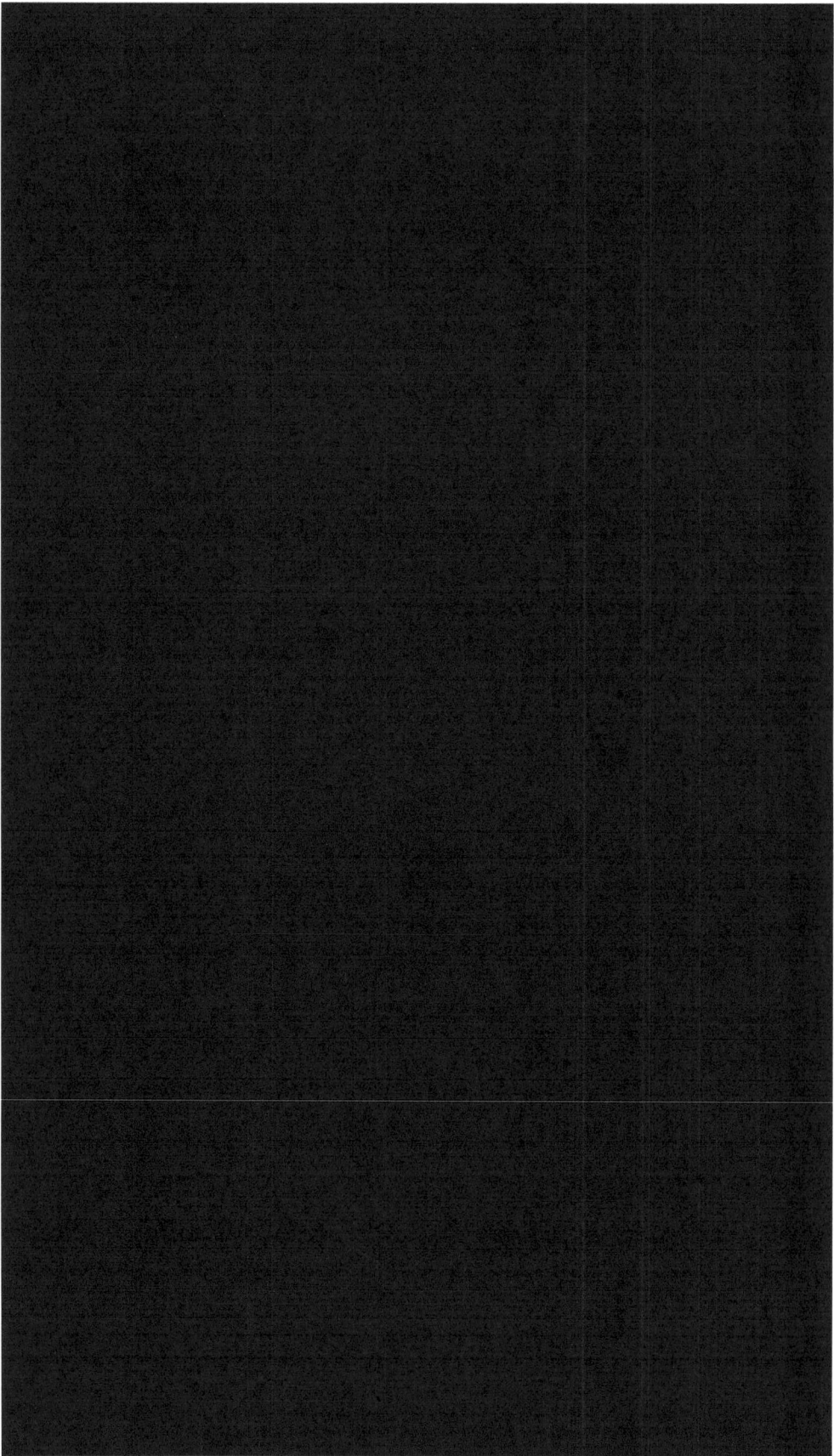

Docteur Octave SIROT

Médecin de l'Hôtel-Dieu de Beaune

Âme & Cerveau

ÉTUDE PHYSIOLOGIQUE & PSYCHOLOGIQUE

13 figures dans le texte

TROISIÈME ÉDITION

REVUE ET AUGMENTÉE

A. CRETIN-PELLION, ÉDITEUR

LIBRAIRIE — PLACE MONGE

BEAUNE

—

1901

Ame & Cerveau

§ 1

L'âme existe-t-elle scientifiquement?

1° Le Cerveau chez l'être pensant.

2° Nécessité scientifique de l'existence de l'âme.

§ 2

Si l'âme existe scientifiquement, comment un médecin peut-il la concevoir?

§ 3

Si le cerveau est le seul mode pour l'âme de connaître et d'agir, ce mode matériel laisse-t-il à l'homme sa responsabilité et peut-on, dans le cas où celle-ci existe, l'apprécier moralement?

§ 4

L'humaine inappréciabilité de la responsabilité n'est-elle pas l'équivalent de l'irresponsabilité?

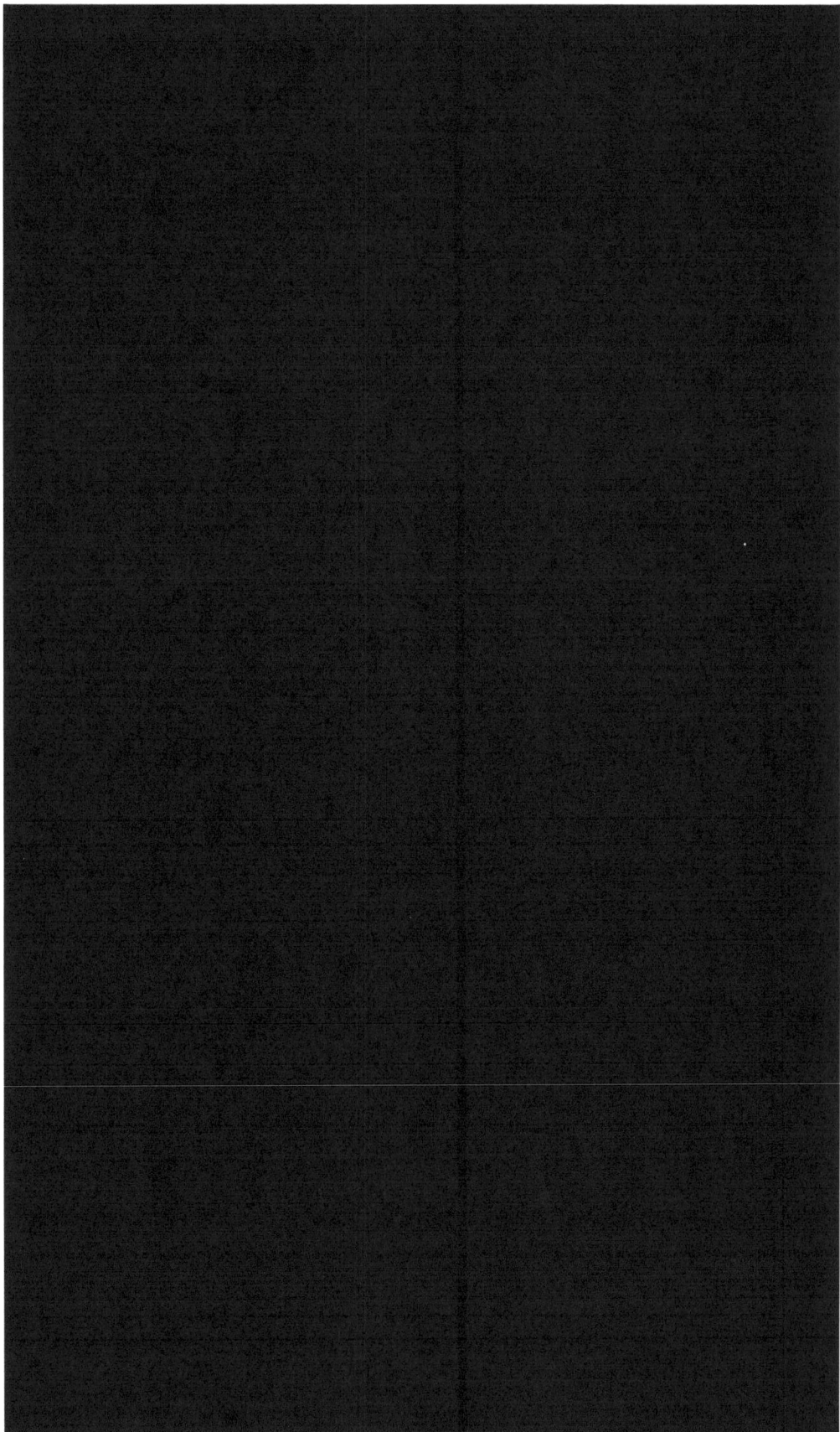

L'homme, dans son inquiétude d'Être mortel, court sans cesse à la recherche de l'inconnu.

Dans cette course inquiète, j'ai cherché....

Docteur Octave SIROT.

INTRODUCTION

Si par une belle nuit d'été, alors que l'atmosphère dans toute sa pureté et sa transparence nous permet de limiter nettement les objets et les choses, nous levons les yeux vers cette multitude innombrable de mondes jetés comme à pleine main dans l'infini de l'espace et pensons au mouvement de ces mondes dans l'Univers, nous ne pouvons nous défendre d'un profond sentiment d'admiration étonnée.

Parmi ces étoiles dont l'éclat scintille au-dessus de nos têtes, il en est que l'on appelle *fixes*, véritables soleils et centres de systèmes aussi complexes et étendus que notre système planétaire dont le centre est le soleil.

Quand les astronomes nous apprennent que la terre tourne autour de ce soleil avec deux mouvements dissemblables et simultanés, un mouvement de rotation autour de son axe et un mouvement de translation suivant un plan dit de l'écliptique, avec des vitesses de 464 mètres et de 30550 mètres à la seconde, nous nous demandons avec surprise comment il se fait que tout ce qui est sur cette terre ne soit pas projeté dans l'espace en un indescriptible pêle-mêle.

Quand ces mêmes astronomes nous disent que le soleil est distant de la terre de 38.000.000 de lieues; que le plus grand éloignement de Vénus par rapport à notre planète et de 66,300, 000 lieues; que Saturne, à son aphélie, est distant du soleil de 384,800, 000 de lieues, que la longueur de l'orbite qu'il décrit présente un développement de 2.287.500.000 lieues, ce qui représente une vitesse de translation de 8.858 lieues à l'heure ; quand ils écrivent que le poids de la terre est représenté par le nombre de 5.875.000.000.000.000.000.000 tonnes de mille kilogrammes; que cette sphère qui nous paraît si colossale n'est qu'une des moyennes planètes du système solaire, qu'elle n'est qu'un grain de sable vis à vis de notre étoile centrale, un point perdu dans l'espace où se meut le monde qui les comprend tous ; quand enfin ils nous disent que tout notre système planétaire n'est qu'un atôme au sein de l'Univers visible, quelle idée cet infini incommensurable peut-il éveiller en notre âme?

Ces nombres fantastiques, ces abîmes insondables, ces *au-delà* terri-

fiants pour la raison humaine nous jet-
tent dans une profonde et anéantissante
rêverie, et seule une exclamation traduit notre pensée — Quel mystérieux
chef-d'œuvre !

Il est cependant un chef-d'œuvre plus
mystérieux, plus grand encore : l'homme,
l'homme pensant, l'homme qui représente
la vie dans sa double essence, la vie
physique et la vie morale ; l'homme, cet
atôme dont l'intelligence a su arracher
au monde céleste les lois sur lesquelles
Dieu lui-même avait posé les bases de
l'évolution des astres dans l'espace,
l'homme qui, après avoir découvert les
lois de la physique, de la chimie, de
la mécanique, s'en est servi pour devenir lui-même un créateur intellectuel.

Et qu'est-ce que l'homme? une résultante, une synthèse de deux éléments

bien distincts, un élément matériel, le corps, un élément immatériel, l'âme(1).

Chaque élément correspond à une science spéciale : le corps à la physiologie, l'âme à la psychologie. Aussi, faut-il, pour connaître l'homme, connaître ses deux parties constituantes. Chacune a son rôle précis, déterminé, subissant réciproquement une influence hiérarchique.

C'est ce rôle *qu'en médecin* et *non en philosophe* nous allons étudier et essayer d'élucider.

---

(1) Ce que nous essaierons de prouver scientifiquement au cours de ce travail.

L'AME EXISTE-T-ELLE SCIENTIFIQUEMENT?

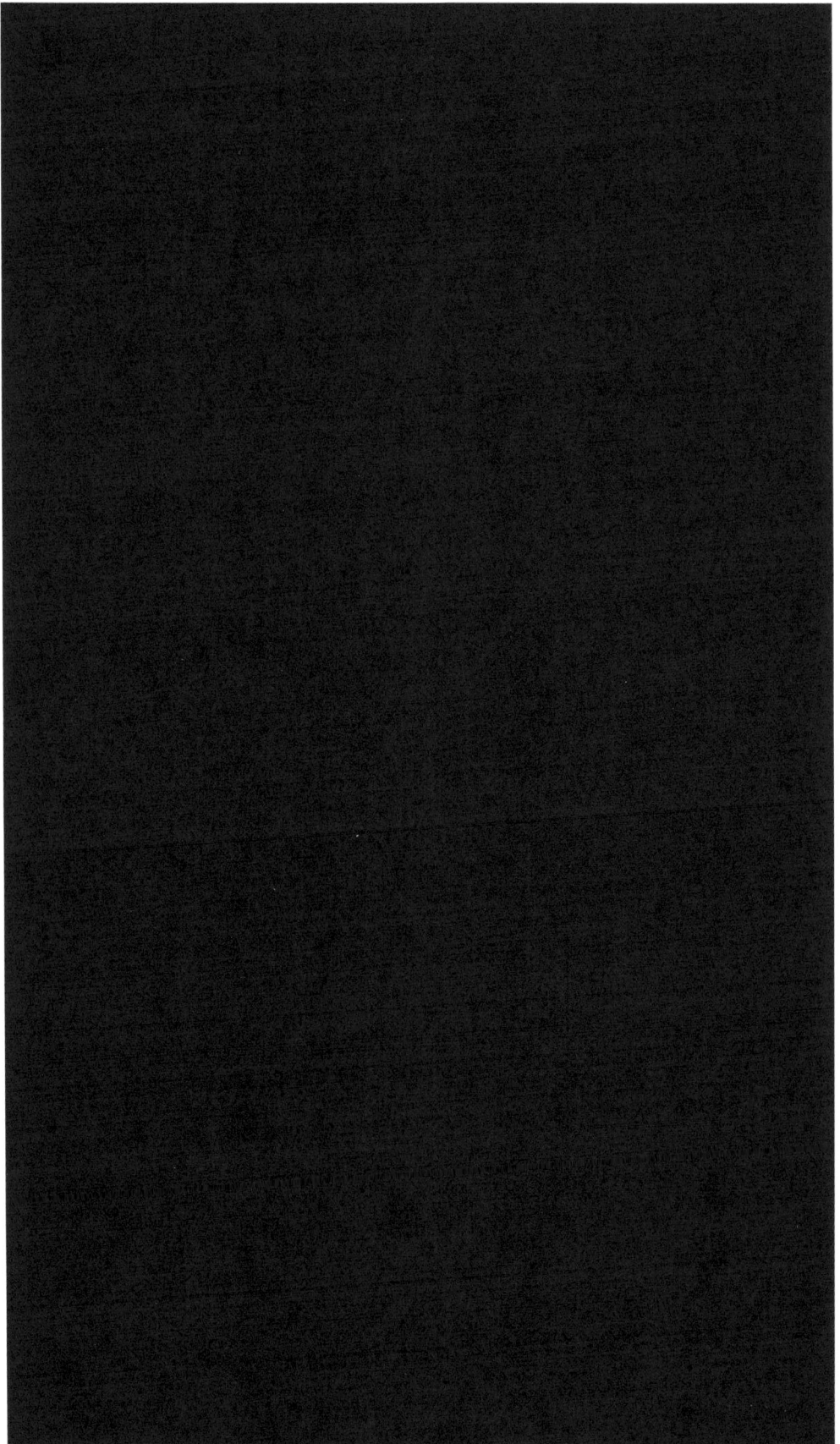

I

Le Cerveau chez l'Être pensant

———◦———

Peut-être les mots matérialisme
et spiritualisme expriment-ils les
deux côtés d'un seul et même fait.
H. DE BALZAC (*Louis Lambert*).

§ 1

ANATOMIE CÉRÉBRALE

Au point de vue de l'étude spéciale qui nous intéresse, le cerveau représente et résume la question physiologique, mais il est indispensable, avant d'entrer en matière, d'avoir des idées nettes et précises sur cet organe.

Les centres nerveux sont représentés par l'axe cérébro-spinal ou névraxe formé de deux parties, l'encéphale et la moëlle épinière.

L'encéphale est constitué par le cer-

veau, le cervelet et l'isthme de l'encéphale (1).

Le *cerveau* est constitué par les deux hémisphères cérébraux, les corps optostriés, la région sous-thalamique, les tubercules quadrijumaux et les pédoncules cérébraux.

A la coupe, il présente deux colorations distinctes dues à la différence des éléments constituants, une *grise* périphérique, une *blanche* centrale.

La coloration grise appartient à la couche d'enveloppe dite couche corticale grise, manteau des hémisphères ou substance grise composée par des agglomérations, des groupes de *cellules* nerveuses (2).

---

(1) Cet isthme comprend le bulbe rachidien et la protubérance annulaire.

(2) Cellules pyramidales de la petite espèce, de moyenne dimension, volumineuses, géantes; cellules globuleuses ou granulations; cellules allongées en général fusiforme.

Ces cellules ne sont pas uniformément réparties dans la couche grise, il y a prédominance de tel genre de cellules dans tel point; ainsi, prédominance des cellules pyramidales gigantesques dans le lobule pa-

La coloration blanche appartient à la couche centrale, ou couche sous-corticale ou substance blanche composée de *fibres nerveuses*. Toutefois, dans quelques points déterminés de cette substance blanche, se trouvent des lames de substance grise. Enfin, au centre de cette même substance, se voient des noyaux gris appelés opto-striés, noyaux formés par les couches optiques et les corps striés (1).

§ 2

CELLULE NERVEUSE CÉRÉBRALE
NEURONE

L'élément noble du cerveau est la cellule nerveuse qui, munie de ses prolongements, porte le nom de neurone, élément important à connaître.

---

racentral, les circonvolutions frontale et pariétale ascendantes — ces cellules seraient des cellules motrices : — prédominance des cellules pyramidales de grande dimension dans les circonvolutions frontales : prédominance des granulations ou cellules globuleuses dans le lobe occipital tout entier, les trois circonvolutions temporales — ces cellules seraient des cellules sensitives?

(1) Page 13, topographie et localisations cérébrales.

Le *neurone* est une cellule nerveuse (D fig. 1) munie de deux espèces distinctes de prolongements, un court, épais, hérissé d'épines, se terminant librement par des arborisations — prolongement protoplastique ou dendrite (P fig. 1)—, un régulier, lisse, avec nombreuses collatérales se détachant à angle droit — prolongement cylindraxile ou cylindraxe (H. fig. 1) —.

Fig. 1 — Évolution de la cellule nerveuse — A, cellule de la grenouille; B, du lézard ; C, du rat ; D, de l'homme; a, b, c, d, e; études de développement embryonnaire de la cellule nerveuse.

Par ces prolongements, la cellule nerveuse se met en contact avec les autres cellules.

Les prolongements protoplasmatiques jouissent de la conductibilité cellulipète, les cylindraxes jouissent de la conductibilité cellulifuge (Ramon y Cajal) d'où, pour le professeur Van Gehuchten de Louvain, la conclusion : tout prolongement à conductibilité cellulipète est un prolongement protoplasmatique, tout prolongement à conductibilité cellulifuge est un cylindraxe.

La cellule nerveuse est formée d'un *protoplasma* composé d'une partie chromatique et d'une partie achromatique de structure fibrillaire à fibres discontinues. (1).

Cette *substance fibrillaire* serait la sub-

---

(1) Chromatique, qui a de l'affinité pour les couleurs basiques d'aniline.
Achromatique, sans affinité pour ces mêmes couleurs.

stance active, tandis que la substance chromatique serait un substratum isolant remplissant les interstices de la substance fibrillaire ou achromatique.

Les fibrilles isolées du protoplasma cellulaire se réuniraient en faisceaux dans les prolongements protoplasmatique et cylindraxile.

Les neurologistes sont portés à croire que chaque fibrille constitue une voie de contiguité indépendante et isolée, ce qui ferait que la cellule nerveuse pourrait avoir des activités partielles et une activité totale.

La cellule nerveuse doit être regardée comme un élément fixe qui, détruit, n'est susceptible ni de réparation fonctionnelle ni de réparation organique. C'est à cette fixité qu'est due la possibilité du fonctionnement cérébral physiologique et psychique.

Dans la série animale, plus l'Etre est

intelligent plus la cellule nerveuse est compliquée en prolongements plus elle se met en relation avec les cellules voisines. (fig. 1).

Les relations de cellules à cellules ont pour siège les points de contiguité ou *points d'articulation* des neurones les uns avec les autres, points d'articulation qui sont de véritables centres fonctionnels.

§ 3

ACTIVITÉ NERVEUSE

L'axe cérébro-spinal ou névraxe qui comprend l'encéphale et la moëlle épinière, représente le centre général des opérations nerveuses matérielles, physiologiques et intellectuelles.

A chacune de ces deux parties constitutives est dévolu un genre spécial d'action dû à leur propre activité nerveuse, à leur neurilité fonctionnelle.

Ce genre spécial d'action ne se manifeste, d'une manière générale, que sous deux formes, la *sensibilité* et la *motricité*.

Toute excitation extérieure matérielle sensible produit, dans les terminaisons périphériques, des filets à courant centripète, une modification qui transmet cette 'excitation soit à la moëlle épinière, soit à l'encéphale, soit à l'un et à l'autre en même temps.

Les impressions produites sur la moëlle épinière sont éphémères et donnent lieu à un phénomène de retour, phénomène moteur appelé *acte réflexe* ; elles ne laissent pas d'empreintes.

Au contraire, les impressions qui parviennent à cette partie de l'encéphale appelée cerveau, laissent des empreintes plus ou moins durables.

Il semble que la vibration, obéissant à la loi physique qui ne permet pas à une force de se perdre, se transforme de vive en latente, en se terminant sur la plaque sensible du cerveau (couche corticale des hémisphères), et s'y emmagasine sous forme d'empreinte susceptible d'être, à un moment donné, réveillée et transformée en force vive.

Le cerveau jouit donc de prérogatives spéciales dont le fonctionnement fut longtemps ignoré, et si aujourd'hui nous pouvons en raisonner et les discuter, nous le devons aux remarquables travaux des cliniciens, des anatomo-pathologistes, des physiologistes et des neurologistes.

§ 4

LE CERVEAU CHEZ L'ENFANT,
SON DÉVELOPPEMENT

Quand l'enfant vient au monde, alors que tous les organes sont formés ou presque formés (1), *le cerveau est seulement*

---

(1) Le bulbe et la moelle épinière se présentent déjà avec des caractères qui les rapprochent de l'état adulte.

*esquissé au point de vue anatomique ; il
n'existe pas au point de vue fonctionnel et
pathologique.*

Ses lobes, ses scissures, ses sillons, ses
circonvolutions, y compris les plis de
passage superficiels et profonds, sont
cependant définitivement constitués, mais
il n'en est pas moins un *organe indifférent*
dont la coloration diffère complètement de
celle qu'il aura plus tard et dont la structure est en quelque sorte rudimentaire.
Les parties excitables de sa couche grise
corticale, c'est à dire de cette couche extérieure et apparente des hémisphères cérébraux, n'existent pas (1).

La vie nerveuse du nouveau-né est
limitée au fonctionnement du système spino-bulbaire (moëlle épinière et bulbe), à tel
point que toutes les lésions cérébrales,
mêmes les plus graves, ne donnent aucun

_____

(1) Charcot, œuvres complètes. T. IV.

symptôme spécial et qu'en aucun cas le médecin ne peut les diagnostiquer (1).

Après la naissance, le cerveau continue son travail de développement, moulant sa forme générale et son volume sur ceux de la boîte cranienne qui lui sert d'abri et de protecteur.

Dans ce développement, ce sont les régions appelées *motrices*, c'est à dire celles préposées aux mouvements volontaires qui se développent les premières et qui les premières, par des fibres spéciales (2) émanées de leurs cellules, se mettent en rapport avec le système spino-bulbaire.

Peu à peu se développent aussi, et les régions sensitives et les moyens d'union —fibres d'association, fibres médullaires— dont on peut suivre les faisceaux dans la substance blanche du cerveau, substance

---

(1) Charcot, loc. cit.
(2) Fibres réunies en faisceaux particuliers dénommés faisceaux pyramidaux directs et croisés.

sous-jacente à la couche grise corticale des hémisphères.

Il est, dans cet accroissement cérébral, un fait important à noter, c'est que chaque partie bien que prédisposée, ou pour mieux dire, prédestinée topographiquement à telle ou telle fonction motrice ou sensitive, ne s'adapte pourtant à sa fonction que par éducation.

De même que dans une locomotive, chaque pièce a sa destination spéciale préétablie, de même dans le cerveau chaque circonvolution, chaque pli, chaque sillon.

Mais de même que, dans la locomotive, chaque pièce ne sert qu'autant qu'elle est mise en action, de même dans le cerveau les cellules nerveuses n'entreront en action qu'autant qu'elles auront été actionnées par une force.

Topographie et localisations cérébrales

La topographie du cerveau et ses localisations sont de date récente ; si toutes les parties n'en sont pas exactement connues, nous possédons aujourd'hui des notions suffisantes pour nous en faire une opinion exacte.

Dans la question qui nous occupe, cette topographie joue un rôle important. Elle sert à désigner d'une façon nette et précise les différentes parties de la couchegrisecorticale ; elle sert d'assise aux localisations et à prouver que ces localisations ne sont pas hypothétiques, mais vraies.

C'est en se basant sur les connaissances anatomo-topographiques du cerveau que les médecins sont arrivés à établir ses fonctions physiologiques et à les préciser.

Pendant la vie, un homme était atteint

de lésions extérieures reconnues et étudiées cliniquement (1) ; .après sa mort on trouvait, à l'autopsie, un point du cerveau altéré dans sa substance, frappé de nécrobiose (2) et pour une même lésion extérieure apparente, c'était dans le cerveau toujours le même point altéré : d'où cette conclusion évidente : *tel point correspond à telle fonction.*

Par l'expérimentation, les physiologistes obtinrent les mêmes résultats et les mêmes conclusions.

Vu l'étrange complexité du cerveau, cette étude est fort ingrate et difficile. Elle a déjà donné de beaux résultats, mais il y a encore beaucoup à connaître et je ne doute pas que l'opiniâtre persévérance des savants, aidée des perfectionnements matériels scientifiques, n'arrive un jour à nous

---

(1) Paralysies diverses, aphasies, etc.
(2) Ramollissement rouge, jaune, blanc, plaque jaune.

donner des résultats surprenants et à nous faire connaître les fonctions cérébrales comme nous sont connues les autres fonctions du corps humain.

Toutefois le principe des localisations est trouvé, d'où l'on peut déjà tirer des déductions, comme en chimie on en tire des principes de constitution des corps — $C^n H^{2n+1}$, $C^n H^{2n+2}$, $(C^n H^{2n-2}) O$ (1), etc. $C^6 H^6$, hexagone de Kékulé (2) qui permettent de supposer l'existence de corps que l'on ne connaît pas et de les trouver, comme en astronomie (3) on a découvert des astres que l'on n'aurait peut-être jamais vus, si des calculs dérivés de principes établis ne les avaient devinés.

Le développement progressif du cerveau, sa topographie et ses localisations

---

(1) Formules des hydrures, alcools, acides monoatomiques.

(2) Formule de la benzine, — composés aromatiques, dérivés isomères.

(3) Le 23 sept. 1846, à l'observatoire de Berlin, le docteur Galle trouve la planète Neptune au point indiqué par Le Verrier.

nous permettent donc de raisonner d'après des faits scientifiquement reconnus vrais.

Quoique présentant de notables différences individuelles, le cerveau est divisé en 2 hémisphères, droit et gauche, sub-divisés chacun en six lobes (1), et ces lobes en circonvolutions appelées circon-volutions, lobules, plis.

Cette division artificielle, nécessaire pour l'étude, est favorisée par des inter-sections dites scissures, sillons, qui ne divisent qu'imparfaitement les lobes et les circonvolutions tous unis les uns aux autres par des anastomoses qui sont des circonvolutions portant le nom de plis de passage, plis d'anastomose.

Les scissures, les sillons, les sinuosités ont pour avantage d'augmenter d'une quan-tité considérable la surface grise corticale

_____

(1) Lobes frontal, pariétal, occipital, temporal, de l'insula de Reil et le grand lobe limbique. Voir Déjerine, anatomie des centres nerveux.

du cerveau. Cette surface dissimulée est évaluée au double de la surface apparente.

Il ne faudrait pas cependant se hâter de tirer la conclusion que plus un homme aura le cerveau volumineux plus il sera intelligent; ce serait une erreur grossière. Ici ce n'est pas la quantité, c'est la structure intime et l'harmonisation des éléments entre eux, en un mot c'est la qualité qui fait la richesse cérébrale.

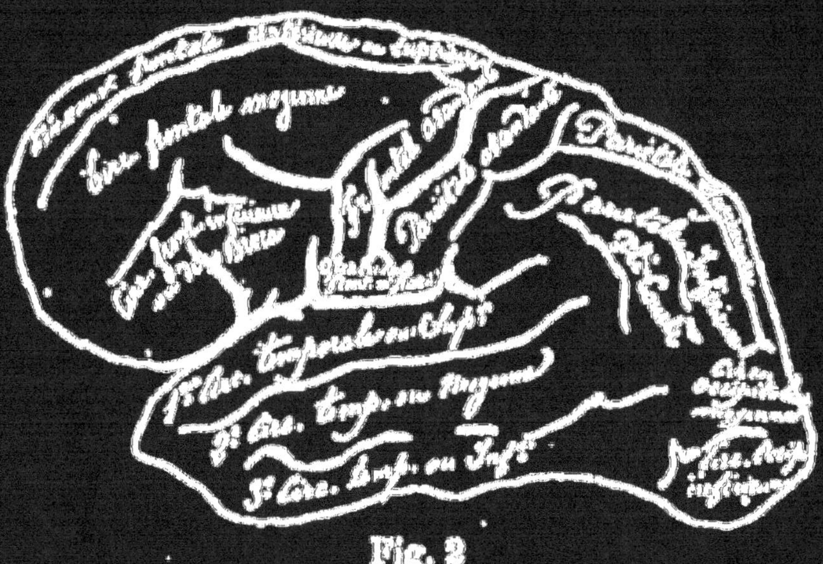

Fig. 2

L'étude du développement, de l'anatomie, de la topographie, des localisations de cet organe important ferait de ce modeste travail un traité technique, ce qui n'est pas notre intention. Nous nous bornerons à un résumé sur les localisations cérébrales.

A *Les lobes frontaux* contiennent les centres :

De l'écriture — Pied de la 2me circonvolution frontale gauche ; ce pied est le pli d'anastomose qui unit la 2me circonvolution frontale au 1/3 supérieur de la circonvolution frontale ascendante :

De la parole (centre de Broca). — 2/5 postérieurs de la 3e circonvolution frontale gauche sur une hauteur de 3 à 4 centimètres ; c'est le pied d'insertion de la 3me frontale sur la partie inférieure de la circonvolution frontale ascendante :

Ils contiendraient également les centres de la fonction inhibitrice et seraient le siège des centres sensitivo-moteurs. (1)

_____

(1) De l'extériorisation des images. — § 3. Centres sensitivo-moteurs.

B *Les zones rolandiques* formées par les lobes frontaux et pariétaux, contiennent les centres des mouvements:

Du membre inférieur — Lobule paracentral et 1/4 supérieur des circonvolutions ascendantes frontale et pariétale :

Du membre supérieur — 2/4 moyens des circonvolutions ascendantes :

De la langue et du larynx — Opercule frontal, 1/4 inférieur de la circonvolution frontale ascendante, opercule rolandique :

De la face — Opercule rolandique, 1/4 inférieur de la circonvolution pariétale ascendante :

Ces centres sont situés dans l'hémisphère opposé aux parties correspondantes du corps.

C *Les lobes pariétaux* renferment le centre :

De la lecture (centre de Kussmaul) — Pli courbe ; ce pli de passage, en forme d'anse à convexité supérieure, unit la 2ᵐᵉ circonvolution pariétale à la 3e circonvolution temporale :

Ils renfermeraient également les centres de la sensibilité tactile, musculaire, douloureuse,— 1re et 2me circonvolutions pariétales.

D   *Les lobes occipitaux* renferment le centre *visuel commun* c'est à dire tous les centres spéciaux à la vue, sauf celui des mots écrits — lecture — qui appartient à la région pariétale.

E   *Les lobes temporaux* contiennent :

Le centre de *l'audition verbale* (centre de Wernicke) (1) — 1re circonvolution temporale et circonvolution transverse ou circonvolution de Heschl, pli de passage unissant la 1re circonvolution temporale aux circonvolutions pariétales — à gauche :

_____

(1) D'après A. Pick (de Prague), ce centre aurait un rôle frénateur vis-à-vis du centre moteur du langage. Ce qui expliquerait la logorrhée des malades atteints de surdité verbale.

Le centre *auditif commun* c'est à dire tous les centres spéciaux à l'audition.

F Du lobe de *l'insula de Reil* on ne sait rien, c'est une zone silencieuse.

G *Le grand lobe limbique* renferme le centre de *l'olfaction.* — Subiculum cornu Ammonis, circonvolution de l'hippocampe ou 2ᵐᵉ circonvolution limbique.

H *Les couches optiques* seraient le siège des centres coordinateurs.

I *Les corps striés* seraient des centres thermogènes (fait plutôt présumé que prouvé) (1).

---

(1) Voir appendice, § 2. Division artificielle du cerveau.

Formation des Images cérébrales

Nous avons vu (1) que les cellules nerveuses cérébrales n'entraient en action
qu'autant qu'elles avaient été stimulées
par une force, ce qui semblerait indiquer
que, pour fonctionner, elles ont besoin d'un
agent provocateur. Cela est vrai.

Le cerveau, à la naissance de l'homme,
étant un *organe indifférent* (2), ses cellules
sensitives et motrices ne se développent
physiologiquement que par une éducation
spéciale. Il n'est en somme qu'un organe
façonnable et façonné, à structure prédisposée à recevoir des empreintes.

§ I

EMPREINTE CÉRÉBRALE

Les empreintes cérébrales ne sont pas

---

(1) Page 11.
(2) Pages 9 et 10.

une hypothèse, mais une réalité prouvée par le fait expérimental suivant. Si, chez un individu qui sait lire, le centre de la lecture est lésé, il y a perte de la compréhension par la vue des mots écrits, c'est-à-dire de la lecture. Si la même lésion se produit chez un individu qui ne sait pas lire, elle ne donnera aucun *déficit*; d'où la conclusion évidente : dans le premier cas les cellules cérébrales contenaient les empreintes des mots écrits, dans le deuxième cas, elles ne contenaient rien.

Dans le premier cas, les cellules peuvent être comparées à des pages écrites, dans le deuxième cas, à des pages blanches.

Et le fait de se souvenir de quelqu'un ou de quelque chose n'est-il pas une preuve indiscutable d'imprégnation ?

Comment ces empreintes vont-elles se produire, se fixer, s'incruster en quelque sorte pour un temps plus ou moins durable ?

Comment un organe indifférent pourra-t-il devenir organe actif et même producteur?

Le cerveau est arrivé, dans son développement structural, à un degré d'organisation matérielle suffisant pour entrer en ligne de compte — telle une plaque photographique préparée —; une impression, une modification extérieure sensible est produite : elle est reçue par l'œil, l'oreille, la peau, qui, en tant qu'appareils récepteurs spéciaux, la transforment en une vibration spéciale, visuelle, auditive, tactile, transmise par des conducteurs appelés nerfs à cette surface impressionnable du cerveau (1) où sera l'aboutissant de l'onde vibratoire et où se fixera l'empreinte.

Celle-ci produite, la modification initiale cesse, mais cette cessation d'action

(1) Couche grise, corticale, manteau des hémisphères.

ne se traduit pas par une perte d'action :
une force vive ne peut se perdre, elle
demeure latente. L'empreinte conserve
donc une énergie emmagasinée toujours
prête à se transformer en force vive sous
l'influence dé vibrations, d'impressions
nouvelles extérieures sensibles, directes
ou indirectes, ou sous l'action d'excitants
internes (intoxication, troubles circula-
toires, nerveux).

Il y aura donc dans cette couche corticale autant d'empreintes que d'impressions
extérieures sensibles, empreintes qui seront tactiles, auditives, visuelles, olfac-
tives, gustatives, etc., et dont le siège sera
la cellule nerveuse.

Ces empreintes sensibles ne sont pas
les seules emmagasinées. Il s'en grave d'autres purement mécaniques, empreintes de
mouvements, motrices, automatiques (1),

---

(1) D'où le nom d'Automatisme.

telles par exemple celles produites par les
vibrations émanées du jeu des muscles, des
articulations, des membres, dans la mar-
che ou 'l'écriture, chez le violoniste', le
pianiste, la tricoteuse, le gymnaste, etc.

Ainsi donc toute empreinte cérébrale,
résultat d'une impression, modification ou
vibration extérieure sensible, se réduit à
deux genres : *l'empreinte sensible et l'empreinte motrice.*

§ 2

IMAGE CÉRÉBRALE

Si par suite d'une modification, d'une
impression nouvelle extérieure directe ou
indirecte, ces empreintes qui sont latentes
viennent à être réveillées, c'est-à-dire
transformées en force vive, elles réappa-
raîtront. Cette réapparition des empreintes sera l'image qui pourra être définie :
Le réveil d'une empreinte.

Un exemple fera ressortir cette définition.

Un éclair a frappé ma vue et un coup de tonnerre consécutif mon oreille.

Mon appareil récepteur, œil, par son conducteur le nerf optique, a transmis à mon cerveau l'impression extérieure produite sur lui.

Cette impression visuelle transmise s'est fixée sous forme d'empreinte dans une ou plusieurs cellules cérébrales déterminées. Il en a été de même pour le coup de tonnerre. Le son, par l'oreille et son conducteur cérébral le nerf auditif, s'est transmis et fixé sous forme d'empreinte auditive.

Qu'un nouveau coup de tonnerre, sans que j'aie vu l'éclair, vienne à frapper subitement mon oreille, cette impression extérieure réveillera *directement* l'empreinte auditive, réveil qui sera l'image tonnerre. En même temps cette vibration réveillera *indirectement* l'empreinte visuelle, réveil qui sera aussi l'image éclair.

J'aurai donc eu en même temps deux
réveils séparés d'empreintes distinctes,
deux images tonnerre et éclair.

L'image cérébrale se rapporte donc à
une empreinte et non à plusieurs. Le tonnerre et l'éclair ne se révèlent à nous que
par une seule modification extérieure sensible, ils n'ont qu'une empreinte : le son
pour le tonnerre, la lumière pour l'éclair.

Comment l'image auditive amène-t-elle
l'image visuelle? Toutes les cellules cérébrales qui doivent concourir à un ensemble d'action du même ordre sont
toutes anatomiquement unies entre elles
par des fils anastomotiques ; tel un réseau
télégraphique (1).

§ 3

MÉMOIRE

Une empreinte se fixe dans une cellule

_____

(1) Voir, pages 3, 4 et 5, ce qui a été dit sur les neurones et fig. 1.

cérébrale soit à la suite d'une première
impresssion soit à la suite d'impressions
de même nature répétées. Elle s'y grave
plus ou moins profondément et s'y réveille
plus ou moins rapidement d'après *un coefficient de fixation et de reproduction* qui
dépend de l'état constitutif de la cellule,
car, suivant que celle-ci est plus ou moins
parfaite dans son état histologique et dynamique, l'empreinte se fixera plus ou
moins rapidement, plus ou moins profondément, d'une façon plus ou moins durable et se réveillera de même. Il en est
ici comme d'une plaque photographique.
Suivant l'état de l'appareil, la qualité des
matériaux, la durée de la pose, la sensibilité de la plaque réceptrice, l'intensité de
la lumière, une image se fixera plus ou
moins vite, plus ou moins nette, pour un
temps plus ou moins long, et pourra être
reproduite plus ou moins nettement et rapidement.

Ce coefficient de fixation et de reproduction mesure la valeur relative du pouvoir de fixation et de reproduction que possède la cellule cérébrale.

Le mot mémoire ne désigne donc pas une fonction cérébrale indépendante ayant une localisation spéciale, comme on le pense généralement, car il n'y a pas *une* mémoire, c'est à dire une propriété unique de fixation et de reproduction des empreintes, mais des propriétés disséminées et localisées dans les différentes cellules cérébrales, auditives, visuelles, etc., mémoires spéciales dont une ou plusieurs peuvent être prépondérantes sur les autres questions de prédisposition cellulaire ou d'éducation : d'où ce fait que chez telle personne domine la mémoire visuelle, chez telle autre la mémoire auditive, chez telle autre la mémoire motrice.

Si, pour nous conformer à l'usage ad-

mis, nous conservons au singulier l'expres-
sion mémoire pour désigner un fait d'ensemble, nous devrons le définir : *la propriété que possèdent les cellules cérébrales de
fixer et de reproduire, d'après un coëfficient
propre à chaque cellule, les empreintes reçues.*

§ 4

IDÉES ACQUISES (1)

Empreinte, image, mémoire, sont donc
trois propriétés dynamiques de la cellule
nerveuse cérébrale. Aussi les troubles pathologiques (2) ressortissant de ces trois
propriétés sont-ils des troubles propres aux
cellules ou à leurs fibres d'association,
troubles aussi variés que les altérations
histologiques ou dynamiques quantitatives
ou qualitatives pourront l'être dans ces
cellules ou leurs fibres d'association.

(1) Chapitre 3, § 4.
(2) Appendice § 1.

De ce qui précède il s'ensuit que toutes les empreintes qui peuvent exister dans le cerveau sont nécessairement acquises ; qu'une production spontanée d'empreintes n'existe pas et qu'en conséquence la genèse spontanée des idées est impossible, puisque l'idée a pour base les données de la sensibilité, c'est-à-dire les empreintes cérébrales acquises, d'où la conclusion forcée : toutes les idées sont acquises (1).

§ 5

CENTRE D'IMAGINATION SENSIBLE

Quand un objet se présente à nous, il produit dans nos cellules cérébrales de la couche corticale plusieurs impressions, plusieurs vibrations qui s'y fixent sous forme d'empreintes.

Prenons, comme exemple, une cloche. Son aspect, sa forme produisent une em-

---

(1) Voir chapitre II, § 3 « Idée innée » et § 4 « Idée héréditaire ».

preinte visuelle; la matière dont elle est composée produit par le toucher une empreinte tactile et le son qu'elle donne, une empreinte auditive.

Ces trois empreintes distinctes réveillées donneront des images distinctes, d'aspect, de sensation, de son. Et ceci est si vrai que si quelqu'un, venant à nous parler d'une cloche que nous connaissons remarquable par ses vibrations et la beauté du son, nous dise : — Vous rappelez-vous ce son étonnant — nous lui répondons : — Oui, je me le rappelle — ce qui en d'autres termes signifie : Ce que vous me dites réveille en mon cerveau (lobe temporal) l'empreinte auditive laissée par le son de la cloche dont vous me parlez et ce son je l'entends.

Toutes ces empreintes distinctes, visuelle, auditive, tactile sont, pour former l'empreinte complète cloche, réunies en un centre. Ce centre d'empreinte est en rapport avec chacune d'elles, mais il sera plus facilement impressionné par l'une que par l'autre, question d'éducation ou de susceptibilité cellulaire spéciale à l'individu.

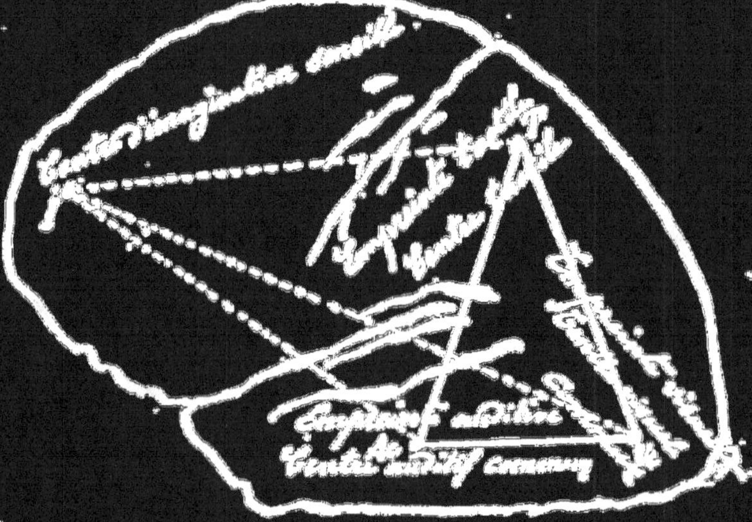

Fig. 3

De même que les empreintes peuvent être réveillées pour devenir images (1) de même les centres d'empreinte pour devenir des centres d'image, centres qui, devenant ainsi actifs et producteurs, peuvent réveiller mécaniquement toutes les empreintes attenant à un tout.

_____

(1) Page 26, § 2.

Nous appellerons ces centres d'empreinte et d'image, *centre d'imagination sensible* (1).

De même que les cellules et par conséquent les empreintes sont unies entre elles et à leur centre (i fig. 3), de même ces centres sont unis entre eux par des fibres d'association au moyen desquelles ils peuvent se mettre réciproquement en action, sous l'influence de modifications extérieures sensibles directes ou indirectes.

(1) Qui vient des sens.

De l'Extériorisation des Images cérébrales

§ 1

GESTES, PAROLE, ÉCRITURE

L'homme jouit du pouvoir de communiquer avec son semblable par des mouvements spéciaux idéographiques (gestes) et par des symboles conventionnels parlés (parole), écrits (écriture), symboles et mouvements dont il se sert pour extérioriser ses idées, les faire passer de son cerveau dans celui de son voisin.

Les gestes qui ne sont que des mouvements d'une partie quelconque de notre corps, mouvements conventionnels représentatifs, sont liés par adaptation aux images et réciproquement.

Cette adaptation se fait par l'union qui existe entre les cellules où s'impriment les empreintes sensibles, et les cellules motrices où se fixent les empreintes motrices : adaptation qui est le résultat de l'éducation et de l'imitation.

Exemple : quand, sans écrire ni parler, nous voulons réveiller chez une autre personne l'empreinte d'une circonférence, c'est-à-dire lui en donner image, nous faisons avec le bras un mouvement déterminé qui rappelle cette empreinte et de même que l'image sensible est adaptée pour nous à l'image motrice, de même l'image motrice est adaptée pour lui à l'image sensible, et nous nous comprenons.

Mais que, par suite d'une lésion de son centre moteur cérébral (1), le bras vienne à être paralysé, il deviendra impossible d'extérioriser par le mouvement l'image circonférence, ce qui prouve que la cellule

---

(1) 2/4 moyens des circonvolutions ascendantes — zone rolandique, page 19 B.

sensible et la cellule motrice sont unies entre elles.

Nos rapports extérieurs ne s'arrêtent pas là, nos images se parlent, s'écrivent par des symboles qui les représentent matériellement et qui en sont en quelque sorte les équivalents figurés. Ces symboles ont été appelés *Mots*.

Comme pour le geste, le mot est adapté à l'image et réciproquement l'image au mot.

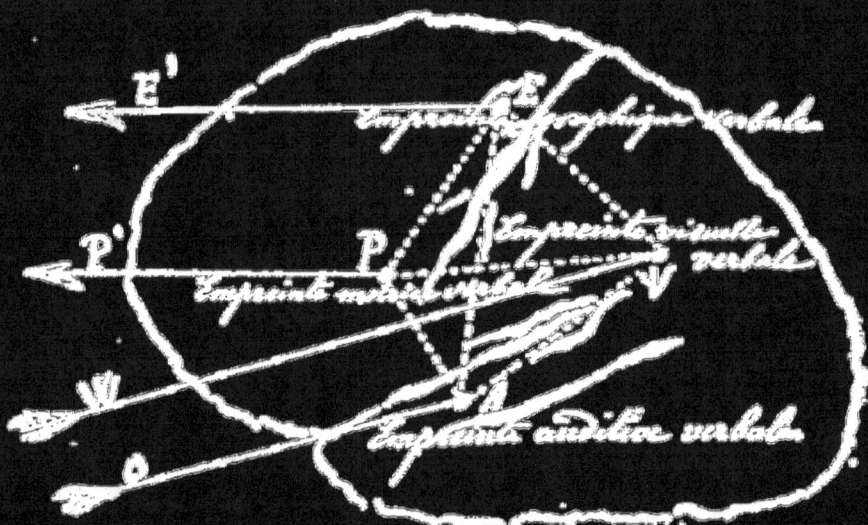

Fig. 4

Cette adaptation exige trois actes dis-

tincts se faisant par trois voies distinctes :
1° une *voie de réception* pour les empreintes
auditives verbales O A et visuelles verbales
W V ;

2° Une *voie de transmission* pour les empreintes motrices verbales A P, V P et
graphiques verbales A E, V E ;

3° Une *voie motrice* pour l'extériorisation
de ces empreintes P P', E E'.

Cette adaptation matérielle fonctionnelle n'est pas une hypothèse, elle est
prouvée aujourd'hui scientifiquement par
l'anatomie pathologique et la clinique.

Il existe des humains qui, par maladie,
traumatisme, perdent plus ou moins complètement le pouvoir de parler, d'écrire,
de lire ou d'entendre, sans paralysie de
la langue, des lèvres, du larynx, de la
main, du bras, sans cécité, sans surdité.

Ces impossibilités sont dues à des lésions fixes et localisées de cellules nerveuses cérébrales, lésions de substance ou de dynamisme. Elles sont appelées, en médecine, aphasies (1).

Aphasie visuelle. — Parmi ces malades, les uns perdent par la vue la compréhension des lettres (*cécité littérale*) ou des mots écrits (*cécité verbale*). Ils voient la lettre ou le mot, mais ils ne peuvent les lire.

La vibration extérieure sensible nouvelle, *le mot*, agissant sur la vue et quoique transmise au siège de l'empreinte antérieurement emmagasinée, ne réveille pas cette empreinte. Il y a défaut d'action du mot écrit *vu* sur l'empreinte visuelle cérébrale du mot, par altération histologique ou dynamique d'une partie fixe et déterminée de la substance grise corticale appelée *Pli courbe* (fig. 6 V). Il y a perte de la mémoire des mots écrits, le malade ne peut

---

(1) Je ne traite pas au long cette curieuse et importante question de pathologie, j'en prends seulement ce qui est nécessaire au sujet traité.

plus lire tout en voyant. Il se trouve dans la situation d'un homme qui, ne connaissant pas le grec, a sous les yeux un mot écrit en grec. Il voit ce mot mais il ne peut le lire, cet ensemble de signes ne lui exprime rien.

Comme conséquence, les mots écrits ne sont plus en rapport avec les empreintes antérieurement reçues, ils n'ont plus de valeur ; l'homme a perdu le pouvoir de communiquer avec son semblable par la lecture.

Aphasie auditive. — D'autres perdent la compréhension des mots par l'ouïe. Ils ne sont pas sourds car ils entendent ; mais ils ne comprennent pas. Le mot pour eux n'est qu'un bruit, qu'une onde sonore ne leur rappelant rien, et, alors même qu'ils parlent, ils n'entendent de leur parole qu'une vibration indifférente.

Comme résultat, ils se trouvent dans les conditions d'un homme brusquement transporté dans un pays dont il ignore la langue ; cet homme entend tout mais ne comprend rien. Les mots ne sont pour lui que des bruits, des sons, des vibrations.

Dans ce genre d'affection, il y a défaut d'action du mot entendu (O fig. 4) sur l'empreinte auditive du mot (A fig. 4) par altération d'une partie fixe et déterminée de la substance grise corticale appelée première circonvolution temporale gauche (A fig. 6).

Comme conséquence, les mots entendus ne sont plus en rapport avec les empreintes, ils n'ont plus de signification et l'homme a perdu le pouvoir de communiquer avec son semblable par l'audition.

Les mots n'étant pas les seuls sons symboliques représentatifs, il existe en dehors de ce genre d'aphasie dite *surdité verbale*, autant de genres de surdité qu'il y a de genres de sons symboliques.

Après la surdité verbale, viennent comme fréquence la surdité des noms de nombre et celle des sons musicaux.

Aphasie verbale ou aphémie. — Chez d'autres l'image existe nettement, mais cette image ne peut être adaptée au mot parlé qui la représente extérieurement.

Prenons un exemple pour être bien

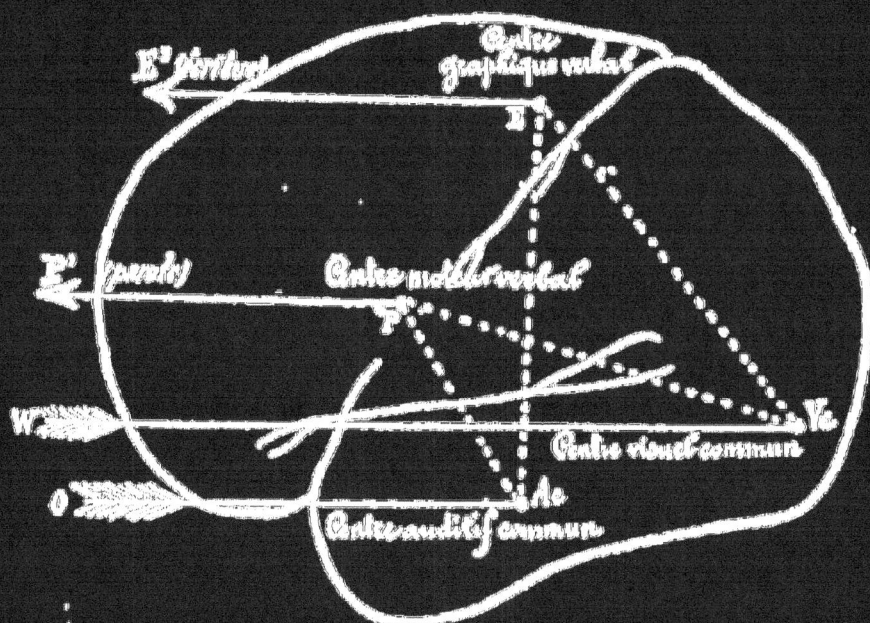

Fig. 5

compréhensible. Un son (O fig. 5) vient frapper le point du cerveau (A c) préposé au centre auditif commun, et y réveille une empreinte.

Pour s'extérioriser par la parole, cette empreinte réveillée ou image ira par ses fibres d'union réveiller le centre (P) où sont emmagasinées les empreintes motrices d'articulation, afin de réagir extérieurement (PP'). Mais ce centre (P) reste muet, les empreintes n'y sont plus réveillées ; il y a perte du mécanisme à suivre pour articuler les mots, par lésion de la substance corticale grise. Ce point lésé et nettement déterminé est la troisième circonvolution frontale gauche, la fameuse circonvolution de Broca, dans ses 2/5 postérieurs sur une hauteur de 3 à 4 centimètres (1).

Cette perte de la mémoire des mouvements d'articulation des mots a comme

_____

(1) Cette circonvolution existe à l'état rudimentaire chez les anthropoïdes, mais chez l'homme seul elle acquiert le développement considérable signalé par les anatomistes.

conséquence l'impossibilité pour les images d'être extériorisées par la parole, et l'homme ne peut plus communiquer avec son semblable par ce moyen.

Aphasie graphique ou agraphie. — Chez d'autres enfin, les empreintes motrices, par lesquelles l'image s'extériorise sous forme de signes écrits, ne peuvent plus être réveillées.

Il y a perte du mécanisme à suivre pour écrire les mots.

La lésion anatomique siège également ici dans la substance grise corticale, mais dans le pied d'insertion de la 2me circonvolution frontale gauche.

Comme conséquence, l'homme ne pouvant plus extérioriser ses images par l'écriture, est privé de ce moyen de communication.

Ces quatre centres indépendants (A. V. P. E, fig. 6), anatomiquement unis les uns aux autres par des fibres d'association, peuvent réagir physiologiquement les uns sur les antres. Leurs lésions sont dans le même cas et leurs réactions réciproques semblent suivre une véritable hiérarchie en rapport avec la succession physiolo- gique du développement *éducatoire* des centres ; ainsi chez l'enfant, la succession normale est l'audition, la vision, la parole et l'écriture.

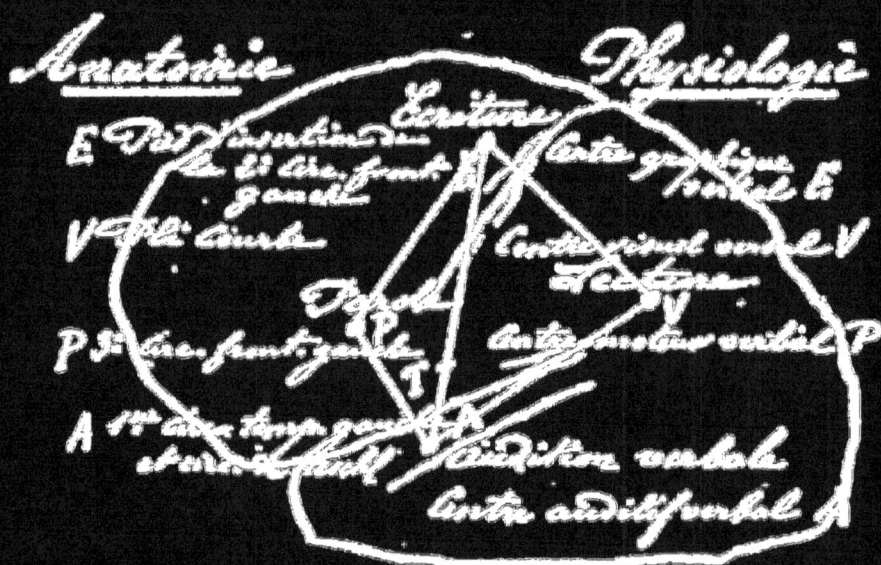

Fig. 6

Aussi voit-on une lésion du centre au- ditif verbal entraîner une abolition, sans lésion, du centre de la parole, de l'écriture; une lésion du centre visuel verbal entraîner une abolition, sans lésion, du centre moteur verbal (parole) ou du centre graphique (écriture). C'est aussi ce qui explique pourquoi le centre auditif verbal, premier en date par éducation et par conséquent par développement dynamique, n'est jamais lésé par contre coup d'un autre centre, alors que le centre de l'écriture peut subir le contre coup des lésions de tous les autres centres.

Nous voyons donc, par ces données vraies (1) d'anatomie pathologique et de clinique, l'image extériorisée par des actes auxquels président des points déterminés localisés dans la couche superficielle du cerveau, couche grise corticale.

Nous voyons cette extériorisation représentée par les mouvements idéographi-

(1) Quoique volontairement fort incomplètes.

ques, les gestes, localisés dans les centres moteurs corticaux, et par le langage auquel président quatre centres définis, déterminés et localisés (fig. 6).

Nous voyons aussi que les lésions de l'un de ces centres peuvent entraîner la cessation de fonctionnement d'un voisin, que l'un quelconque peut prédominer sur les autres et que ces centres sont réunis les uns aux autres par des fibres commissurales, d'association, conductrices.

Ces fibres sont prouvées en anatomie pathologique par les lésions d'un genre spécial d'aphasie, *l'aphasie transcorticale ou de conductibilité.*

Cette aphasie est caractérisée par le fait suivant : un individu peut entendre, lire, parler, écrire un mot, le mot « cloche » par exemple ; or il arrive qu'on prononce devant lui ce mot « cloche » en lui disant de l'écrire.

Il a bien entendu le mot, il l'a compris, mais l'écrire est impossible. Que s'est-il donc passé ?

Les fibres commissurales (fig. 6) qui relient le centre de l'audition verbale A au centre de l'écriture E sont lésées en un point, en T par exemple, d'où interruption de communication entre ces deux centres.

Si au lieu de lui parler le mot, on le lui fait lire ou articuler, il l'écrira.

Le centre de l'écriture est donc bien intact, mais il ne réagit pas sous la vibration auditive par vice de conductibilité.

§ 2

CENTRE D'IMAGINATION VERBALE, CENTRE D'IMAGINATION AUTOMATIQUE

Le symbole ou mot par lequel s'extériorise une image et en est son équivalent matériel, se trouve donc spécialement localisé sur l'écorce cérébrale dans des cel-※

lules prédisposées topographiquement et
fixé dans ces cellules par quatre genres
d'empreintes, auditive verbale, motrice
verbale, visuelle verbale, graphique verbale. (1)

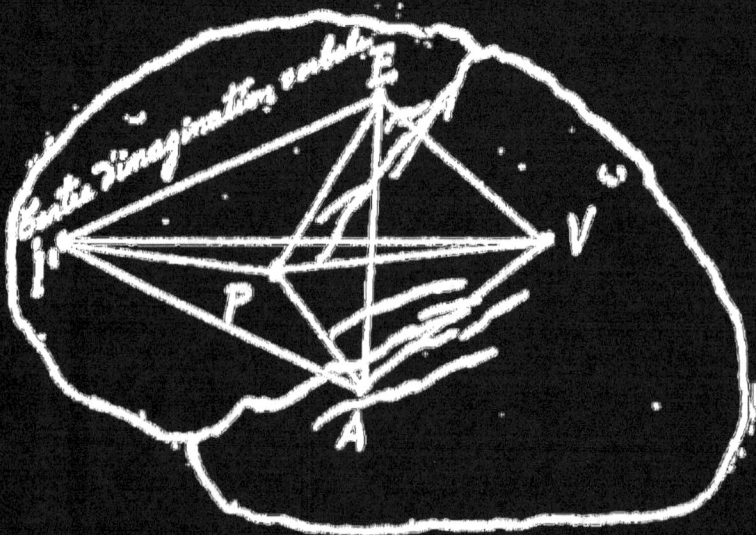

Fig. 7

Réveillées, ces quatre empreintes deviennent des images distinctes dont la réunion forme un tout verbal complet par
rapport à l'objet et à son extériorisation.

Cette réunion de toutes les empreintes
verbales d'un mot — entendu A, lu V,

(1) Page 38, fig. 4.

parlé P, écrit E — se fait, ainsi que nous
l'avons vu pour les empreintes sensibles,
(1) en des centres spéciaux,'' (fig. 7) que
nous appellerons *centres d'imagination verbale.*

Les vibrations extérieures du langage
sont-elles les seules à réveiller les centres
du langage ?

Non, nous savons que d'autres vibrations impressionnant les centres auditif
commun, visuel commun et tactile (fig. 5)
peuvent aussi s'extérioriser par le langage,
et il est un fait indéniable et indiscutable,
c'est que les empreintes sont réveillées
par les mots et les mots par les images. De
ce que les centres du langage entendu,
lu, parlé, écrit, sont réveillés par les
images, de ce que tous ces centres sont
unis entre eux, il s'ensuit que les cellules
préposées au mécanisme du langage et

_____

(1) Pages 34 et 35.

celles préposées aux images que ce langage représente sont unies entre elles,
ainsi que la figure 8 en donne l'explication.

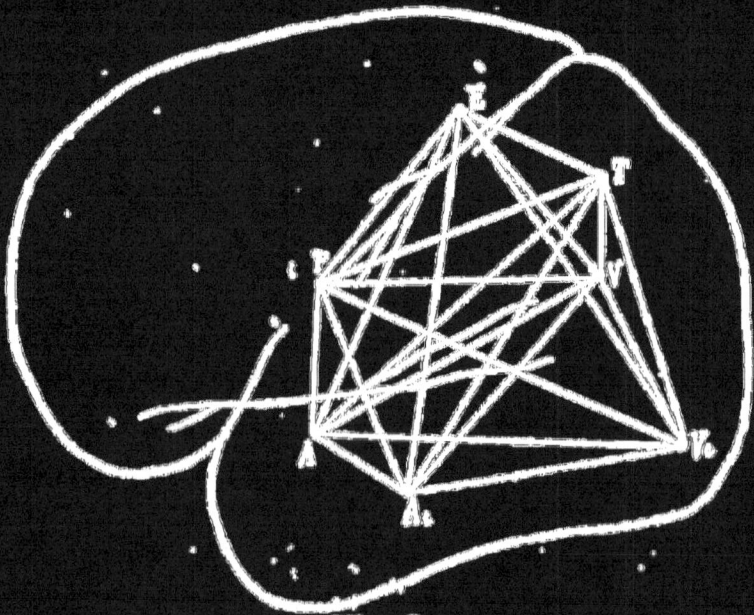

Fig. 8

I'		Centre d'imagination verbale.
P	{	Empreinte motrice verbale. Centre moteur verbal. Parole.
E	{	Empreinte graphique verbale. Centre graphique verbal. Ecriture.
V	{	Empreinte visuelle verbale. Centre visuel verbal. Lecture.
A	{	Empreinte auditive verbale. Centre auditif verbal. Audition verbale
T	{	Empreinte tactile. Centre tactile.
Vc	}	Empreinte visuelle commune. Centre visuel commun.
Ac	{	Empreinte auditive commune. Centre auditif commun.

Nous pourrions, au sujet des gestes, montrer comment les empreintes sensibles et automatiques sont en *rapport de cellules*, mais pour éviter des redites et éviter surtout une complexité de détails qui nuirait à la clarté du sujet, nous donnerons comme conclusion que ce qui se passe pour les empreintes sensibles et verbales se passe aussi pour les automatiques, c'est à dire qu'elles peuvent devenir images, images automatiques et se grouper en centres particuliers spéciaux que nous appellerons *centres d'imagination automatique.*

Deux faits se dégagent donc maintenant bien nettement : 1° la formation physiologique des empreintes et des images par les vibrations extérieures sensibles, et leur groupement, en tant qu'elles se rapportent à un même objet, pour former des *centres d'imagination sensible* (fig. 3), centres en corrélation avec l'objet lui-même;

2° l'extériorisation physiologique des images par le langage, que ce langage s'appelle geste, parole ou écriture, et le groupement déterminé de ces parties du langage, en tant qu'elles se rapportent à un même objet, pour former des *centres d'imagination verbale* (fig. 7) et *d'imagination automatique*, centres en corrélation avec l'extériorisation de l'objet.

§ 3

CENTRES GÉNÉRAUX D'IMAGINATION OU SENSITIVO-MOTEURS

Dans la vie sociale de l'homme, l'idée, le geste, le mot entendu, lu, parlé, écrit. s'adaptent entre eux, c'est à dire que les images sensibles et motrices s'harmonisent entre elles. Il nous reste à connaître comment se fait cette harmonisation pour avoir la notion complète du fonctionnement cérébral.

Prenons donc l'exemple « cloche », avec

ce que nous savons de la topographie, des localisations cérébrales et de la formation des images.

Les empreintes sensibles attenant à une cloche sont: tactile T sensation du métal : visuelle V c, aspect, forme : auditive Ac, son (fig. 9).

Ces empreintes réunies constituent un centre (i fig. 9) qui se localise sur un point de la couche corticale et qui est influencé de préférence par l'empreinte prédominante chez l'individu. (1)

A ces trois empreintes constituant un tout est adapté un symbole, le mot « cloche ». Ce mot sera *entendu* empreinte auditive A, *lu* empreinte visuelle V, *parlé* empreinte motrice P, *écrit* empreinte graphique E, (fig. 10).

Pour constituer le mot complet, ces empreintes se réuniront sur un point de la

_____

(1) Page 34.

couche corticale pour former un centre (1' fig. 10).

Ces deux (1) centres (i et 1' fig. 9 et 10) doivent sinon coïncider en un même point, tout au moins être très voisins et très unis, puisque toutes les cellules coopérant à un même acte sont unies, entre elles par des fibres d'union et conductrices. (2)

Réunis en un point unique ou très intimement unis ces centres particuliers constitueront un *centre général* (3) qui contiendra en lui toutes les empreintes diverses ayant trait à l'objet « cloche », centre gé-

---

(1) Ce qui a rapport aux gestes est omis volontairement. Les centres d'imagination automatique idéographique sont soumis aux mêmes explications.

(2) Page 28.

(3) Au septième Congrès de la Société Italienne de médecine interne tenu à Rome en octobre 1896, dans son rapport « sur les progrès récents dans la physiologie pathologique du cerveau et particulièrement en ce qui concerne le langage » le Docteur Bianchi (de Naples) a écrit.... « Et les observations cliniques confirment les résultats expérimentaux; le plan de distribution du travail de l'écorce cérébrale est tel, que dans le voisinage de chacune des aires de fonctions élémentaires, il en existe une homologue mais d'ordre plus élevé et évolutive, et enfin à *l'extrémité antérieure du cerveau il en est une* (aire de fonctions) *très étendue qui centralise les fonctions des autres* ».

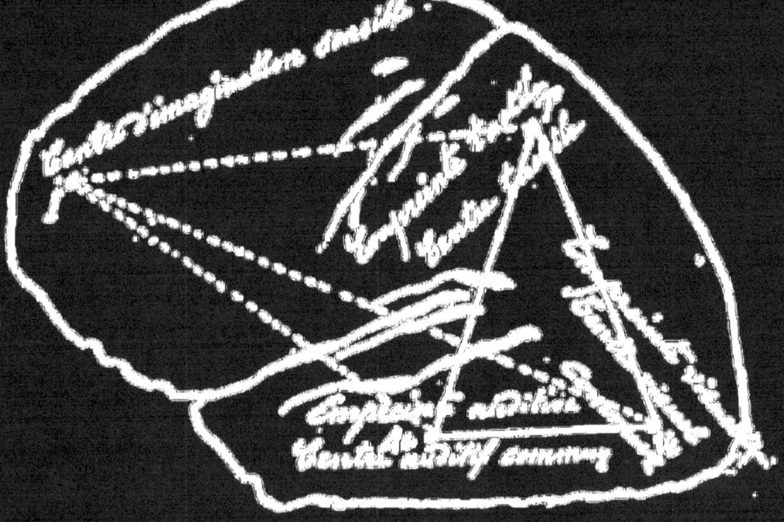

Fig. 9

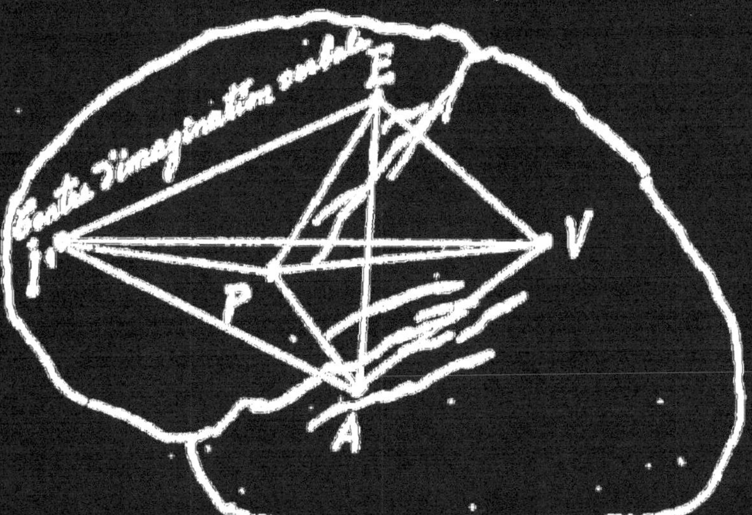

Fig. 10

néral qui pourra être réveillé en tout ou en partie par une vibration extérieure sensible ou par l'action d'excitants internes physiologiques ou pathologiques, portant sur une quelconque des empreintes.

Ce centre réveillé pourra à son tour mettre en action tout ou partie des empreintes sensibles ou motrices de la cloche.

Ce centre général de tous les centres particuliers d'imagination sensible ou motrice qui constitue un tout, sera appelé *centre sensitivo-moteur* (I g fig. 11).

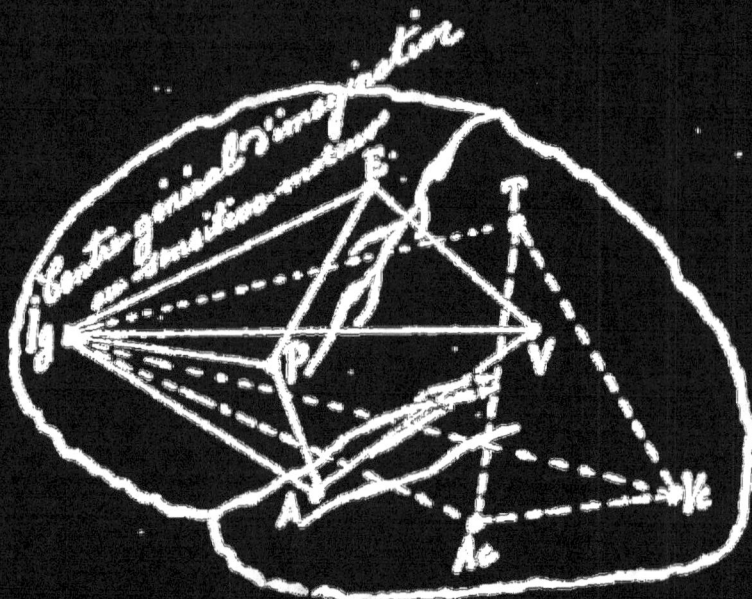

Fig. 11

§ 4

INTELLIGENCE PHYSIOLOGIQUE

De même que les cellules sensibles et motrices et par conséquent les empreintes, de même que les centres d'imagination sensible et motrice sont unis entre eux et soumis à une action réciproque, de même il en est des centres généraux d'imagination ou sensitivo-moteurs.

Cette fonction d'action réciproque constitue *l'intelligence physiologique* qui sera *l'ensemble de tous les faisceaux d'association qui unissent entre eux, cellules, centres particuliers et centres généraux d'imagination.*

Cette définition nous explique pourquoi il y a tant de différences dans les intelligences humaines, tant de particularités, de spécialités, pourquoi il y a des imbéciles, des génies, des gens d'esprit et des sots ; question d'organisation histologique

et dynamique du cerveau, aidée de l'éducation et de l'instruction dont les rôles sont
si importants.

Conclusions

Chez l'Etre pensant, le cerveau tient une
place des plus importantes, il occupe une
situation prépondérante et fait l'homme
ce qu'il est, car si on diminue la richesse
des connexions de cette merveilleuse complexité cérébrale, l'homme se rapproche
d'autant de la bête ; et le cerveau supprimé
totalement, il pourra vivre avec son cervelet, son bulbe et sa moëlle épinière,
mais d'une vie végétative ayant plus de
rapport avec les plantes qu'avec les animaux.

Au point de vue physiologique des images, des centres d'imagination, de l'intel-

ligence, des mémoires, de l'audition et de la vision générales et particulières, de la sensibilité générale et spéciale, de la parole, de la lecture, de l'écriture, des gestes, le cerveau de l'homme possède un fonctionnement personnel, tour à tour passif et actif, de réceptivité et de production.

Ce fonctionnement est le résultat d'une organisation spéciale de sa substance (1).

---

(1) Chapitre III, § 2. (Personnalité cellulaire)

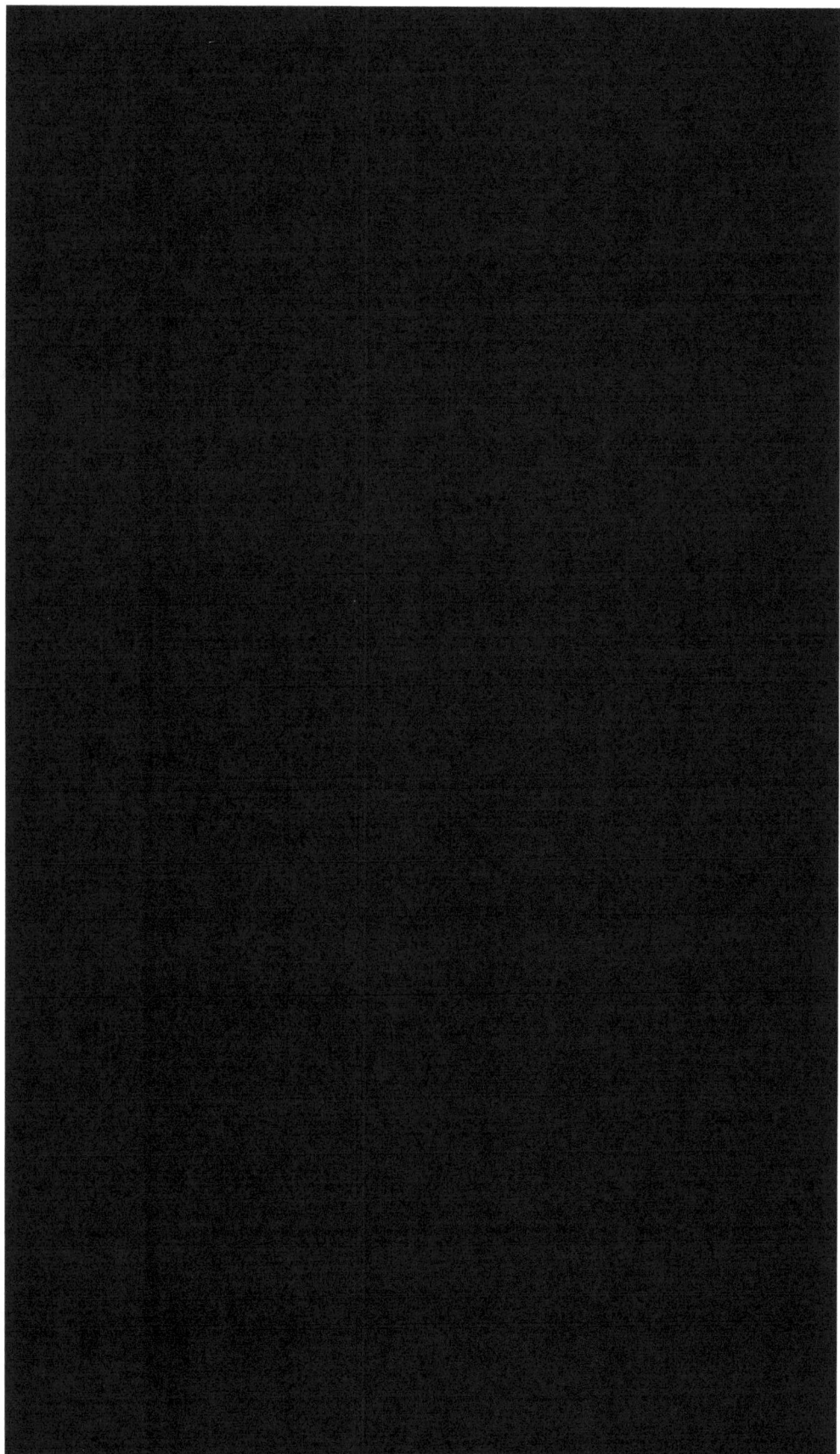

II

Nécessité scientifique de l'existence de l'Ame

———⚬———

L'organisation spéciale de la substance cérébrale et son fonctionnement physiologique peuvent-ils expliquer tout ce qui se passe dans le cerveau de l'homme pensant? (1).

§ I

Certes les vibrations extérieures sensibles ou motrices, en réveillant les centres sensitivo-moteurs, peuvent produire une infinité de phénomènes d'apparence subjective, mais qui en réalité ne sont qu'objectifs.

———

(1) Pour comprendre ce chapitre, il est indispensable de bien se rappeler toutes les définitions physiologiques données.

La vue d'une locomotive, d'un édifice, d'un arbre, d'un homme, d'un cheval, les sons d'une fanfare, d'un sifflet, d'une voix, toutes ces vibrations visuelles ou auditives réveilleront bien des empreintes sensitives et motrices que le cerveau récepteur et producteur pourra traduire extérieurement; il pourra même, par les voies de conductibilité — fibres d'association — réveiller d'autres empreintes et produire des *associations d'images*; mais comment pourra-t-il, sans vibration extérieure sensible, directe ou indirecte, réveiller ses propres centres sensitivo-moteurs, comment pourra-t-il *avoir conscience* de leur réveil; comment pourra-t-il *juger* de leur opportunité d'action et utiliser *volontairement* cette action ?

Ainsi, vous avez reçu une injure, mais cette injure ne peut être vengée sous peine de produire un plus grand mal et, trouvant plus noble et plus sage de l'accepter que de la venger, vous vous taisez.

L'injure reçue est le fait d'une vibration extérieure sensible ou motrice, — parole, écrit, geste, etc. — qui a réveillé dans votre cerveau certains centres sensitivo-moteurs. Ceux-ci sont entrés en action pour réagir; or ils n'ont pas réagi. Cette réaction a donc été annihilée par d'autres vibrations dont vous avez nettement une connaissance intime, et vous vous rendez très bien compte que vous avez pesé au dedans de vous-même, dans votre cerveau, l'injure et la vengeance par un acte intérieur, le *raisonnement*, et que vous vous êtes tu par un autre acte, la *volonté*.

Quand, dans le reposant silence de votre cabinet, la tête entre les deux mains et seul avec vous-même, vous réfléchissez à votre passé, vous le revivez, les impressions latentes d'il y a vingt ans, trente ans ne sont pas réveillées en ce moment

6

par des modifications extérieures, tout a disparu ! Vous étiez marin, je suppose, et il y a de nombreuses années que vous n'avez vu la mer; vous n'avez rien qui puisse vous rappeler directement ou indirectement les détails infinis et si bien enchaînés de votre vie maritime et cependant, vous revoyez la mer, vous entendez son bruit de flot, vous prononcez son nom, vous l'écrivez et, dans ce cadre majestueux ou terrible, vous replacez dans un ordre exact, les péripéties d'autrefois.

Comment expliquer ce réveil *ordonné* des centres sensitivo-moteurs et cette connaissance *raisonnée* (perception) que vous avez de sensations extérieures n'agissant plus actuellement d'une façon active.

J'admets que l'on puisse objecter qu'il suffit d'une modification fortuite vaso-motrice dans la circulation cérébrale pour réveiller telle ou telle empreinte sensitive ou motrice, et que par les neurones (1) une empreinte réveillée en excite une autre et produise ainsi des images qui n'ont rien de commun avec le point de départ. Mais ce réveil successif d'empreinte ne sera qu'un réveil amené *passivement* et nous sommes bien loin d'une explication adéquate de ce qui se passe en nous, quand nous refaisons notre vie antérieure.

Un trouble fortuit de circulation ou d'innervation pourra bien réveiller, *au hasard*, une empreinte et si nulle inhibition ou direction subjective n'intervient, cette excitation en provoquera d'autres, mais *toujours au hasard*, un peu comme des billes lancées *sans intention* carambolent sur un billard.

L'observation physiologique ou pathologique nous montre bien ce qu'on peut attendre de l'action des énergies internes or-

---

(1) Page 4.

ganiques dans le réveil des empreintes et
ce que peuvent l'action des vaso-moteurs
et les adultérations (1) chroniques ou pas-
sagères du sang, si manifestes dans le
rêve et dans les cérébroses (2). Mais, dans
tous ces chocs divers et fortuits, où trouver la raison explicative du *travail de sélection* que nous révèle la conscience et dont
l'effet est la réapparition *parfaitement ordonnée* des empreintes ?

Par elle-même, l'excitation interne ne
saurait rien produire de régulier. Si elle
joue un rôle dans la sensation, c'est un
rôle purement dynamique qui reçoit *d'ailleurs* sa direction.

En présence de l'objet, on peut et on
doit attribuer à l'action qu'il exerce sur
les sens la détermination des activités nerveuses capables d'en former, en nous,

---

(1) Alcoolisme, morphinisme, caféisme, absinthisme,
etc., etc.
(2) Voir appendice § 1.

l'empreinte exacte. Mais quand l'objet extérieur fait défaut, *où est le principe d'ordre?...*

Il y a là évidemment un phénomène spécial, un effet indépendant de la reproduction matérielle des empreintes et du mécanisme cérébral.

Comme il ne peut y avoir d'effet sans cause, l'effet existe, donc une cause qui, n'étant pas le cerveau, ne peut être qu'une force autre que lui et existant dans l'individu. Ce principe, cette force, les philosophes l'ont appelée *âme.*

Quant à l'action par laquelle l'âme réveille les centres sensitivo-moteurs, vibration intérieure analogue à la vibration extérieure de l'objet sensible, nous l'appellerons *abstraction* (1), puisqu'elle fait comme le discernement des empreintes, réveillant les unes de préférence aux autres.

_____

(1) De *abstrahere*, tirer de, arracher, séparer.

Mais, outre cette réviviscence *ordonnée*
des empreintes, l'analyse nous fait découvrir dans notre état subjectif un élément
nouveau et non moins inexplicable par les
seules forces mécaniques ou physiologiques du cerveau : c'est la *perception*, la
connaissance, la *conscience des empreintes*
qui se forment en nous.

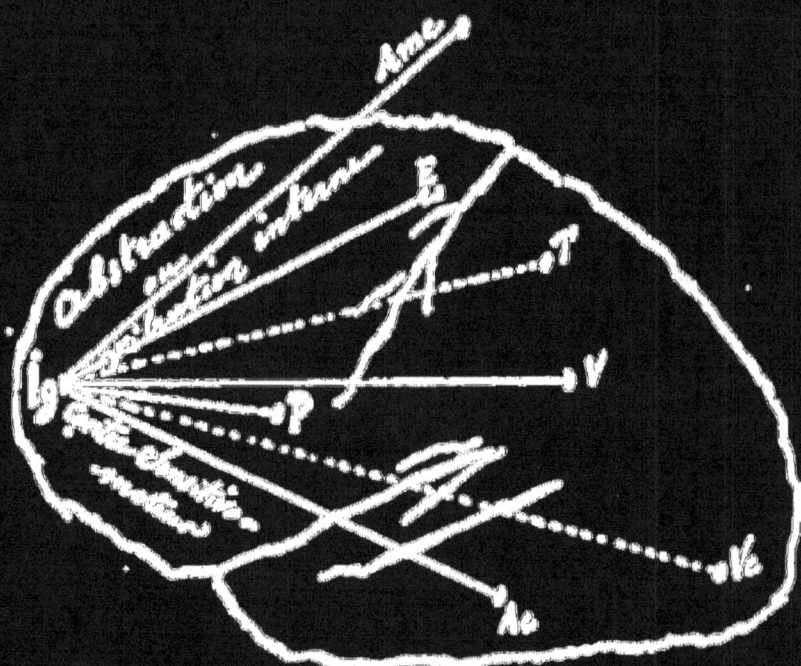

Fig. 12

La présence d'un objet lumineux, diri-
geant les modifications chimiques de la
plaque photographique, explique sur le

jet ; mais la plaque contient seulement l'empreinte ; *elle ne la perçoit pas*, elle n'en a pas connaissance. Encore donc que le cerveau, sous l'action de l'objet ou même en l'absence de l'objet, pourrait se façonner, pour ainsi dire, de manière à reproduire l'image correspondante, il resterait à trouver la force capable de *prendre conscience* de cette représentation.

Une force de ce genre, que nous appelons « force » par simple analogie, n'a en réalité aucun équivalent dans le monde matériel. Elle a pour effet de transformer le centre sensitivo-moteur en une force vive nouvelle, en un élément nouveau, bien voisin sinon identique à ce que les philosophes appellent *l'idée*, élément nouveau que nous définirons : *réveil subjectif, ordonné et conscient, d'un centre sensitivo-moteur.*

§ 2

QU'EST-CE QUE L'IDÉE POUR
LES PHILOSOPHES?

Quand il s'agit de définir l'idée, les philosophes sont un peu gênés et cette gêne se trahit dans la diversité des notions qu'ils en donnent. L'idée c'est l'idée, a dit Pascal, elle ne se définit pas. En bonne logique, une chose qui ne se définit pas est une chose dont on n'a pas une connaissance, une conception nette ou bien complète. Ainsi le Soleil c'est le Soleil, parce que personne ne sait ce qu'est le Soleil.

Plusieurs donnent la définition suivante: l'idée est la notion plus ou moins complète que nous avons d'un objet. Ainsi entendue, l'idée est l'équivalent de *réveil subjectif ordonné et conscient du centre sensitivo-moteur* (1). En effet, qu'est-ce qu'a-

---

(1) Page 71.

voir la notion d'un objet, sinon connaître ce qui a rapport à cet objet, sa nature, sa couleur, sa forme, etc., etc.; c'est la synthèse de tout ce qui le constitue. En décrivant le centre sensitivo-moteur ou centre général d'imagination nous n'avons pas dit autre chose, avec cette distinction toutefois que ces philosophes font intervenir la perception. Ils admettent en effet deux rapports dans ce qu'ils appellent l'idée, un ayant trait à l'objet lui-même, un autre ayant trait à la connaissance de cet objet par l'âme qui, pour eux, est un facteur nécessaire et qu'ils admettent *à priori.*

Pour d'autres, d'un spiritualisme moins douteux et plus éloigné du sensualisme de Condillac, l'idée est une *notion immatérielle universelle et absolue.* Mais ceux-là même ne sauraient nier que l'idée a pour base, selon les doctrines même de Saint Thomas, les données de la sensibilité et se

rattache ainsi, comme à son point de départ, à ce que nous avons appelé centre
sensitivo-moteur.

Quant à nous, si nous osions en donner
une définition nous dirions que l'idée est
une notion immatérielle basée sur le réveil subjectif, ordonné et conscient d'un
centre sensitivo-moteur ou de plusieurs
synthétisés par la raison.

§ 3

IDÉE INNÉE

Ce qui précède nous amène à examiner
la réalité de l'existence d'une idée spéciale
appelée *idée innée*, et définie celle qui semble née avec nous ou encore celle gravée
immédiatement par Dieu avant toute empreinte cérébrale.

Cette définition suppose que la notion
des objets est innée : or, la notion d'un
objet renferme la synthèse de toutes les empreintes relatives à cet objet, empreintes

qui seraient alors innées, feraient partie de la substance ou du dynamisme de la cellule cérébrale, préexisteraient à la formation de cette cellule, se réveilleraient *proprio motu*; ce qui est scientifiquement en opposition formelle avec tout ce que nous avons dit sur l'indifférence et le développement du cerveau, la formation des images, les centres d'imagination et les mémoires. *Donc, scientifiquement ou physiologiquement, il ne peut pas y avoir d'idée innée.*

Pour l'admettre psychologiquement, il faudrait admettre qu'il existe dans l'âme des idées qui ne trouveraient pas dans les empreintes cérébrales *une base, un fondement suffisant*, comme seraient les notions de vertu en général, de beauté, d'infini, de relation, de mérite, etc. Or, ces idées sont-elles nécessairement innées ? n'ont-elles pas dans les empreintes cérébrales les matériaux nécessaires à leur élaboration ? Je crois que si, et la preuve en est possible.

Qu'y a-t-il de plus difficile que faire comprendre ces « notions » à un enfant ; que d'explications, de comparaisons pour y arriver ; et encore, y arrive-t-on pour certains esprits ? et pourquoi ? parce que l'idée de vertu, de beauté n'est qu'une synthèse abstraite, fruit du travail de la raison sur les données expérimentales et sensibles.

Si ces notions étaient innées et faisaient partie intégrante de notre âme, elles devraient dans leurs manifestations être toutes les mêmes, puisque toutes les âmes sont les mêmes (1) et qu'en conséquence si elles produisent directement, elles produisent

---

(1) Il existe une opinion qui admet l'inégalité des âmes humaines. Cette inégalité non seulement n'infirmerait pas mais confirmerait notre thèse, car il faudrait alors admettre l'inégalité de l'innéisme du vrai, du bien, du beau, etc... d'où il résulterait que le beau, le vrai, le bien auraient plusieurs modalités innées.

Cette opinion mènerait loin, car alors où serait la certitude du vrai beau inné, etc. ?

fatalement les mêmes effets; or, ces effets sont-ils les mêmes ?

Il suffit d'avoir parcouru le monde civi-
lisé et sauvage, d'avoir étudié les mœurs
des divers peuples pour se rendre compte
que ces effets diffèrent suivant les longi-
tudes et les latitudes. Donc ces notions, si
elles existent réellement, sont modifiées
par l'éducation, l'instruction, les milieux,
en un mot par les empreintes reçues par le
cerveau; en conséquence elles découlent
bien plus des acquisivités cérébrales
(idées acquises) que de l'innéisme psychique.

En discutant chacune des idées dites innées, on pourrait démontrer quelle peut
être la résultante de l'expérience et de la
raison et que pas n'est besoin de son existence innée.

Si on attache une valeur historique aux
données de la Bible, on sera amené à reconnaître que cette hypothèse des idées

innées se concilie peu avec la conduite de
Dieu vis-à-vis des hommes. Il prend la
peine de s'entretenir avec eux. Il les instruit peu à peu de ses commandements et
de ses défenses, des récompenses et des
châtiments, des vérités morales même
d'ordre naturel. Il se fait leur *Educateur* ;
qu'avait-Il besoin alors de faire préexister
des idées dans leur cerveau ?

Si on étudie la vie de J. C. et qu'on ad-
mette, comme tous les peuples chrétiens,
que J. C. est Dieu et Homme tout ensemble, on se demande quel but, en dehors de
la Rédemption, avait le Christ en ensei-
gnant avec tant de zèle aux peuples de la
Judée, de la Samarie, de la Galilée, ces
idées morales et religieuses nouvelles
ignorées des plus sages du peuple Juif et
de tous les philosophes païens les plus
grands et les plus illustres.

Quand on lit les dernières paroles du
Christ, on demeure surpris du soin qu'il

prend à faire pénétrer ses idées dans l'esprit de ses onze apôtres, les futurs propagateurs de sa doctrine.

Il a tellement la prévision de les leur voir oublier qu'il leur dit : « Voilà ce que je vous ai enseigné lorsque je demeurais avec vous. Désormais le Paraclet que le Père vous enverra en mon nom vous enseignera toutes ces choses et il vous remettra en mémoire ce que je vous ai dit. »

Si les idées innées existent, pourquoi J. C. ne s'en sert-il pas ?

Il était simple et facile à cet Homme-Dieu de graver silencieusement, directement *in cellulâ*, dans le cerveau des hommes ses doctrines et sa morale, si celles-ci n'y existaient pas à cette époque.

Si elles y existaient sous forme d'idées innées, celles-ci devaient être déjà une émanation de la Puissance Créatrice et ne pouvaient être éteintes puisqu'éternelles et immuables ; elles pouvaient tout au plus avoir été étouffées ou reléguées dans la pénombre par l'éclat momentané des idées acquises.

Le seul effet de la volonté toute-puissante du Christ de les vouloir redevenir efficaces suffisait pour leur redonner toute leur prépondérance.

Pourquoi alors tant d'efforts, tant de zèle, tant de paroles et enfin l'envoi du Paraclet ? Parce que ces idées dites innées n'ont jamais existé et que, n'ayant pas été créées dès le principe, Dieu n'a pas jugé à propos de les créer dans la suite.

Le Christ ne faisait donc pénétrer dans le cerveau des Onze que des idées dites acquises dont Il prévoyait la fragilité et l'instabilité cérébrales.

Je n'insisterai pas sur ce mode de discussion et d'argumentation. Je me contenterai d'exposer le récit suivant et de demander *à la raison* comment les faits que je vais citer peuvent s'allier avec les idées innées.

Un explorateur (1) qui a vécu plusieurs années au Congo, le capitaine S. L. Hind, a rapporté les faits suivants. Les riverains du Congo sont tous cannibales, la viande d'homme constitue chez ces peuples un article de commerce courant. On engraisse dés esclaves dans le seul but de les convertir en jambons et beefsteaks.

Pour donner meilleur goût à la viande, *les bouchers* usent de cruautés inouïes. Les Bungalas, par exemple, rompent d'abord bras et jambes à la victime, puis ils l'immergent pendant trois jours, la tête seule restant hors de l'eau.

Il est d'usage, dans toutes les tribus congolaises, d'abattre les vieillards et les infirmes. On voit des enfants dévorer leurs parents sans sourciller.

---

(1) Conférence faite à Londres, en septembre 1895.

Le capitaine Hind a affirmé, en terminant, que les missionnaires luttaient avec
succès contre ces mœurs abominables.

Cette dernière phrase n'est-elle pas une
démonstration palpable en faveur des
idées acquises, de l'acquisivité des idées?

Je prévois l'objection : l'idée innée
était latente, les missionnaires l'ont réveillée — A cela je répondrai : comment
une idée innée peut-elle être à ce point latente qu'il lui faille, pour se produire,
redevenir acquise ? C'est donc comme si
elle n'existait pas. Pourquoi admettre alors
comme existante une chose inutile en soi
théoriquement et pratiquement. ?

§ 4

IDÉE HÉRÉDITAIRE

Si l'idée innée n'existe pas, comment
expliquer· qu'un enfant, élevé loin de ses
parents, rappelle par ses idées les Êtres
dont il est issu?

La réponse à cette objection est facile.

Les cellules du cerveau et leurs fibres d'union sont *matière* ainsi que les autres parties du corps dont l'ensemble comme les plus infimes détails proviennent de la même origine créatrice. Or, il est un fait médical indiscutable, c'est que les ascendants transmettent à leurs descendants non seulement leur constitution mais leur tempérament, leurs tares et même leurs prédispositions morbides. Les mariages consanguins, qui augmentent dans l'être créé les tares familiales, en sont une preuve évidente, et la classe des maladies héréditaires est un curieux et intéressant chapitre de pathologie.

Pourquoi le cerveau échapperait-il à cette loi de la transmission histologique et dynamique héréditaire ?

Lorsqu'une vibration extérieure sensible frappe les cellules cérébrales d'un ascendant pour y produire une empreinte, la

réception se fait suivant l'état histologique et dynamique de ces cellules, c'est-à-
dire suivant leur constitution. Si cette empreinte est réveillée et devient image, cette
image sera le reflet de l'imprégnation cellulaire ; si elle est extériorisée, elle le sera
non pas identique à la vibration extérieure, mais identique à l'imprégnation
cellulaire et l'idée qui en sera la résultante
sera le reflet de cette imprégnation et non
de la vibration initiale extérieure.

Je laisse de côté ce que peut modifier
l'intervention de l'imitation, de l'éducation et de l'instruction.

Que maintenant cette même vibration
vienne à frapper dans les mêmes circonstances les cellules cérébrales d'un descendant, qu'y aura-t-il d'étonnant à ce que la
cellule créée réagisse comme la cellule
créatrice ? Et alors, dans ce cas, il n'est
pas besoin d'idée innée ; l'idée est tout
simplement une idée *héréditaire* dépen-

dant de la constitution héréditaire de la matière.

Ceci nous explique pourquoi fréquemment l'on entend dans le monde cette phrase courante d'observation journalière : cet homme ressemble à son aïeul paternel, à son père, à sa mère, etc., il en a les idées, la même tournure d'esprit. C'est la traduction simple de ce fait : cet homme a des cellules cérébrales histologiquement et dynamiquement constituées comme celles de son aïeul paternel, de son père, de sa mère, etc.

Il ne faudrait pas cependant se hâter de tirer une conclusion absolue, car la nature a ses caprices, ses écarts, ses imprévus et même ses monstres. Toutefois ces exceptions ne nous paraissent pas devoir infirmer les règles générales, je crois plutôt que les exceptions affirment les règles.

Ce qui vient d'être dit pour l'empreinte cérébrale qui est le fait simple, l'unité

d'impression, existe pour les faits complexes, pour les collectivités d'impression, les centres d'imagination, les centres
sensitivo-moteurs.

Pour combattre l'idée innée on peut
donc scientifiquement, à côté de l'idée acquise, placer l'idée héréditaire.

§ 5

RELATION INTIME DE L'EXTÉRIORITÉ
ET DE L'INTÉRIORITÉ

Quelle que soit la définition que les philosophes donnent de l'idée, qu'elle soit la
notion plus ou moins complète que nous
avons d'un objet (1), qu'elle soit une notion
immatérielle basée sur les données de la
sensibilité (2), il n'en est pas moins acquis
que *l'idée et le centre sensitivo-moteur ont*

---

(1) C'est-à-dire qu'elle soit le réveil subjectif ordonné
et conscient d'un centre sensitivo-moteur.
(2) C'est-à-dire qu'elle soit une notion immatérielle,
universelle et absolue, basée sur le réveil subjectif,
ordonné et conscient d'un ou de plusieurs centres
sensitivo-moteurs synthétisés par la raison.

le même centre cérébral, centre soumis à deux forces distinctes, la *vibration* extérieure ou *objective*, c'est-à-dire celle émanée des objets extérieurs sensibles, et la *vibration* intérieure ou *subjective* (abstraction) c'est-à-dire celle émanée de la force intérieure immatérielle, l'âme.

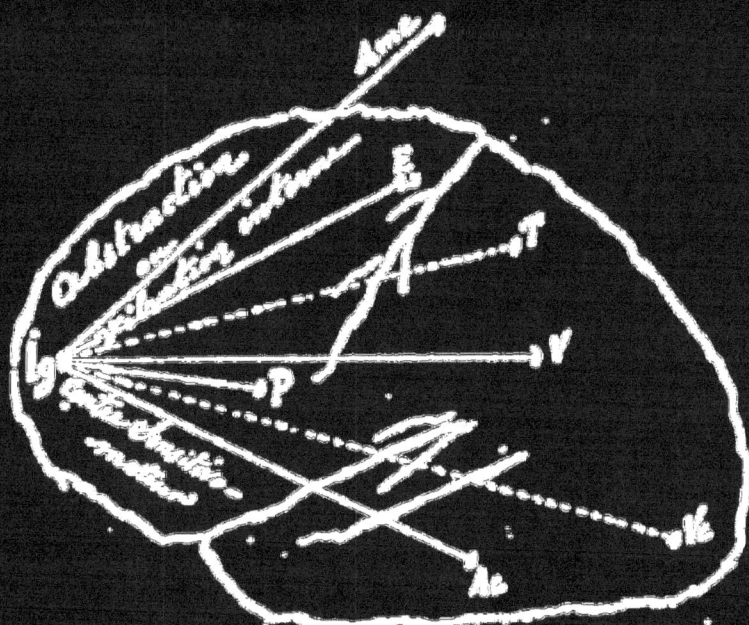

Fig. 13

De ce que les centres sensitivo-moteurs sont réveillés objectivement et subjectivement, il s'ensuit que toute vibration objective réveillera la vibration subjective correspondante, comme toute vibration subjective réveillera sa correspondante objective, et qu'en conséquence ces deux vibrations seront intimement liées l'une à l'autre sans pouvoir se séparer.

Les impressions extérieures seront de ce fait constamment en rapport avec l'âme comme l'âme avec elles, et toutes les empreintes emmagasinées par le cerveau, tous les centres spéciaux d'imagination, tous les centres sensitivo-moteurs auront forcément leur correspondant dans l'âme, avec cette différence que l'empreinte cérébrale matérielle sera destructible, comme aussi la perception sensible qui en dépend absolument, tandis que l'empreinte spirituelle correspondante, phénomène propre de l'âme, sera indestructible comme elle.

§ 6

OBJECTION ET RÉPONSE

Une objection va certainement être faite : vous, qui jusqu'à présent avez raisonné en physiologiste et en matérialiste, comment pouvez-vous admettre cette force appelée *âme?* l'avez-vous vue sous votre scalpel comme vous avez vu la topographie et les localisations cérébrales?

Obligé d'admettre qu'il n'y a pas d'effet sans cause, je vois que dans le cerveau il se passe un fait, le réveil ordonné et conscient d'un centre sensitivo-moteur, réveil qui suppose une action intime spéciale, je suis forcé d'assigner une cause à cette action. Cette cause, je l'appelle *âme* comme vous appelez arbre un arbre et de même que vous admettez que le mot arbre représente un objet matériel, précis, déterminé, de même mon mot *âme* représente une force qui ne tombe pas sous les sens, force agissante, analysée et étudiée par des savants et des hommes de génie appelés philosophes ou théologiens.

Quant à l'avoir vue ou touchée je demanderai si cela est bien nécessaire?

Quelqu'un a-t-il jamais vu ou touché la
vie, en a-t-il détaché quelques fragments
ou sectionné quelques parties ? Quel est le
biologiste, le chimiste, le physicien qui ait
jamais pu en montrer une émanation matérielle quelconque, soit sous le microscope,
soit dans l'éprouvette ? Tous vous diront :
la vie c'est la vie, et personne n'osera la
nier ; pourquoi ? Parce que si, dans son
essence, dans son *esse*, elle ne tombe pas
sous les sens, elle n'en est pas moins manifeste par ses effets.

L'âme est comme la vie (1), elle est
parce qu'elle est *cause* ; elle est parce que,
si elle n'était pas, il y aurait alors des
efffets sans cause.

Sans cette force intérieure, sans l'âme,
par quelle hypothèse sérieuse scientifique

_____

(1) L'âme et la vie se confondent. Les animistes
regardent l'âme comme principe de vie. Personnellement je partage cette opinion et j'admets une âme
(principe de vie) rudimentaire pour les plantes, une
âme (principe de vie) plus parfaite dans l'animal, une
âme (principe de vie) complexe, supérieure chez
l'homme.

pourra-t-on expliquer les idées factices, imaginatives ou créatrices, contingentes, intimes, générales, nécessaires ? — Je conserve aux qualificatifs les sens donnés par les philosophes. — Comment expliquer que les centres sensitivo-moteurs où sont emmagasinées en totalité toutes les empreintes constituant en entier une femme, un poisson, puissent mécaniquement, automatiquement, se réunir pour former un nouveau centre général d'imagination, une sirène, c'est-à-dire un objet n'existant pas et cependant créé en imagination, (idée factice, imaginative, créatrice).

Il faut de toute nécessité, puisque la sirène n'est qu'un objet fictif, n'ayant par conséquent pas d'empreintes acquises, il faut, dis-je, une opération spéciale pour réveiller avec discernement ces deux centres femme et poisson, les mettre en rapport, les fusionner d'une façon toute

particulière et que de leur fusion subjective résulte un nouveau centre sensitivo-
moteur.

Or une idée — qui n'est qu'un centre
sensitivo-moteur réveillé par une vibration interne — nécessite fatalement une acquisivité c'est-à-dire la vue préalable d'un
objet ayant fait empreintes, dans le cerveau, puisque, d'après le fonctionnement
cérébral et la formation des images dans
les cellules nerveuses, rien ne peut y exister s'il n'a été acquis.

Nous aurions donc : 1° un réveil voulu
ou subjectif de deux centres sensitivo-moteurs choisis (1), 2° une fusion voulue et
déterminée de ces deux centres, 3° une
formation d'un nouveau centre général
d'imagination ou sensitivo-moteur sans
impression extérieure reçue, sans acquisi-

---

(1) Ici l'action mécanique spontanée ou fortuite des
neurones ne peut être invoquée en raison du choix
de deux centres spéciaux.

sivité ; ce qui est en contradiction formelle avec le dynamisme cérébral que nous avons exposé, ce qui par conséquent ne peut pas être. Seule, l'âme peut nous donner l'explication de cette fusion, de cette néo-formation par ce simple exposé qu'elle pourra réveiller par sa propre volonté et son *abstraction* deux ou plusieurs centres à son choix, les fusionner et créer un nouveau centre virtuel, fictif, qui, pouvant être représenté extérieurement par des symboles représentatifs (1). deviendra un objet sensible capable alors de produire des empreintes dans le cerveau et de donner ainsi naissance à un nouveau centre sensitivo-moteur dans un autre cerveau pour qui cette néo-formation sera le résultat d'une acquisivité.

Il est toutefois possible que par suite du jeu des neurones, par le seul mécanisme

---

(1) Mots parlés, écrits, dessin, description, etc.

cérébral de l'association (1) des images, il se crée des productions virtuelles fictives, mais elles ne pourront devenir idées et s'extérioriser qu'autant que l'âme en aura pris connaissance et réagi suivant ce que nous venons d'exposer.

Sans l'âme, comment expliquer qu'un acte purement objectif, telle la vue d'un mort, puisse produire en nous ce réveil subjectif, cette idée qui nous donnera cet état spécial, la douleur (idée intime) ? Ici encore la vibration extérieure sensible exigera la concordance d'une vibration interne. Il faudra donc que l'extériorité agissant sur l'âme, celle-ci réveille un centre sensitivo-moteur et produise un effet, une idée.

Comment expliquer les idées générales qui chez l'homme instruit sont le résultat d'une synthèse d'idées particulières judi-

---

(1) Pages 67, 68.

cieusement amenée, basée sur l'analyse et qu'il peut transmettre à ses semblables ?

Comment enfin expliquer les idées nécessaires, c'est-à-dire ces idées que les philosophes regardent comme déduites fatalement par la raison des idées contingentes ?

Impossible de trouver par le mécanisme cérébral une seule explication plausible, même hypothétique. Il faut chercher ailleurs ce moteur plus puissant, plus complet, dont l'action évidente ne nous permet pas la négation. Et puisque le mot *âme* a été donné à ce moteur, à cette force, pourquoi en chercher un autre ?

Nous sommes obligés d'admettre cette *âme* puisqu'elle seule nous donne l'explication de tous ces phénomènes d'idée, d'analyse, de synthèse, de conscience, de raison, de volonté, comme nous sommes obligés d'admettre la vie, quoique nous ne puissions la définir.

Elle sera donc l'agent de l'intériorité,
comme nous avons vu le cerveau être
celui de l'extériorité.

Intimement et indissolublement (1) unie
au corps, l'âme possède donc un rôle pré-
pondérant, mais ce rôle sera toutefois,
dans sa prépondérance même, subordonné
à la structure anatomique et histologique
du cerveau, à son dynamisme ou fonctionnement physiologique et aux idées acquises.

De ce que l'âme a une vie propre, de ce
qu'elle peut agir sur le réveil des centres-
sensitivo-moteurs, sur les idées, de ce
qu'elle peut les mettre en action *sponte suâ*,
il s'ensuit qu'elle peut leur imprimer une
modalité spéciale en rapport avec elle, fait
qui rentre dans le cadre philosophique et
théologique et dont nous n'avons pas à

---

(1) La mort ne rompt pas cette union, la mort n'oc-
casionnant qu'une séparation temporaire de l'âme et
du corps.

nous occuper, *laissant aux philosophes et aux théologiens le soin de discuter sur l'âme*, leur demandant toutefois de ne pas oublier la part importante qui revient au cerveau.

§ 7

— DÉDUCTIONS —

CONSCIENCE, JUGEMENT, RAISON, VOLONTÉ

Il est cependant des *déductions* que l'on peut tirer de tout ce qui vient d'être exposé.

Nous avons vu (1) que l'âme est en rapport constant avec les impressions extérieures comme celles-ci le sont avec elle, par l'action synchrone et réciproque des vibrations objectives et subjectives. Cette action nous explique ce qu'est la perception intime, c'est à dire la *conscience* que nous définirons — *Connaissance que l'âme*

(1) Pages 87, 8

possède de l'extériorité par l'entremise du cerveau, et de l'intériorité par son action personnelle.

Si l'âme a connaissance de tout ce qui impressionne nos cellules cérébrales, de toutes les empreintes emmagasinées, si elle peut d'elle-même, *proprio molu*, réveiller les centres sensitivo-moteurs, une conséquence inévitable s'en déduit: elle peut juger les impressions et les idées d'où le *jugement*, et ce, par un pouvoir spécial qui lui est propre, la *raison*.

Prenons un exemple. En chassant dans des marais, vous avez contracté une fièvre dont vous êtes guéri. Si l'on vous propose de chasser à nouveau dans ces mêmes marais, vous refusez parce que vous savez qu'ils ont été la cause de votre maladie, que cette fièvre vous a fait souffrir, et que, ne voulant pas souffrir, vous ne devez pas vous exposer à une nouvelle infection. L'action produite sur votre âme par la fièvre a été la souffrance, et pour éviter cette souffrance à nouveau, il a fallu que l'âme estimât que la source de la souffrance ait été dans l'impression produite par les marais sur votre organisme — jugement. — Elle a donc jugé le rapport de cause à effet, et comment l'a-t-elle jugé ? par un acte d'analyse dans la succession des faits produits, acte provenant de ce pouvoir appelé la raison.

Si l'âme juge les faits et les raisonne, il en résulte qu'elle peut choisir. Elle a jugé l'action des marais sur l'organisme, elle peut donc l'exposer à une nouvelle atteinte du mal ou l'éviter, à son choix. De ce choix découle une action pour agir ou ne pas agir, aller chasser dans ces marais ou n'y pas aller, d'où un acte spécial volontaire émanant de ce qu'on a appelé la *volonté*, qui est la mise en mouvement du choix fait par le jugement et la raison.

Conclusions

De même que le cerveau possède dans ses attributions physiologiques les empreintes et images sensibles et motrices, les mémoires, les centres particuliers et généraux d'imagination, l'audition et la vision générales et particulières, la sensibilité générale ou spéciale, là parole, la lecture, l'écriture, les gestes, et l'intelligence physiologique, de même l'âme possède dans ses attributions psychiques, les idées, l'abstraction, la conscience, le jugement, la raison et la volonté, — conscience, jugement, raison et volonté qui forment par leur ensemble cette grande faculté de l'âme, l'*intelligence psychique.*

Il ressort donc de cette étude que, si l'existence de l'âme est une nécessité scientifique, si le cerveau et l'âme ont des fonctions nettement déterminées et distinctes, il est aussi de toute nécessité, pour que le rouage humain pensant fonctionne ration- nellement, qu'il y ait emboîtement réci- proque et synchronisme parfait des fa- cultés physiologiques et psychiques, et qu'étant sous une dépendance réciproque, ces facultés soient intimement unies.

Cette union doit même être telle qu'on peut la regarder comme indissoluble et que dans *l'au-delà*, elle devra persister mal- gré l'état transitoire de décomposition chimique temporaire par lequel passe le corps devenu cadavre.

Il n'est pas admissible que si l'âme ici- bas a eu pour assise de ses actes le cer- veau et par conséquent le corps, celui-ci ne participe pas aussi à tous les avantages ou désavantages qui pourront exister pour elle dans cet *au-delà*.

De cette union intime résulte ce qui ca- ractérise la personnalité humaine et le libre arbitre réel dans la sphère qui a été donnée à l'homme par son créateur pour y déployer sa responsable activit: pendant sa vie terrestre, libre arbitre qui dans sa réalité ne gêne en rien le libre arbitre absolu de Dieu.

Ce libre arbitre absolu tient, en effet, sous sa dépendance toute action humaine individuelle ou sociale. Il régit tout d'après sa volonté absolue en laissant à l'homme la liberté de s'agiter, d'aller à droite ou à gauche, d'agir à son idée, à sa guise, suivant ce qu'il a décidé ou pensé être bien ou mal, sans que toutefois il puisse changer un iota à l'évolution et au terme des choses décidées par Dieu.

Les mots matérialisme et spiritualisme expriment les deux côtés d'un seul et même fait.

III

Si l'âme existe scientifiquement, comment un médecin peut-il la concevoir?

§ I

L'homme est un composé de matière et d'esprit.

Par « *Matière* », il faut entendre toutes les choses tangibles, visibles soit par les sens nus, soit par les sens armés d'appareils. Ainsi la matière dont est composé l'homme, est tangible, visible à l'œil nu dans son ensemble; mais dans ses détails il faut avoir recours au microscope, aux analyses chimiques, physiques, mécaniques pour y découvrir la constitution, la formation, l'agencement et le fonctionnement de ses divers organes et tissus.

Toutes les parties constituantes de la

matière humaine existent dans la terre dont elle semble être un fragment, tels, l'oxygène, l'azote, l'hydrogène, le carbone, le sodium, le potassium, le calcium, le magnésium, le phosphore, le fer, etc.

Le mot « *Esprit* » vient du latin « spiritus » qui veut dire « souffle ». Ce souffle serait une émanation de la puissance créatrice appelée Dieu.

D'après la tradition, Dieu, après avoir fait *matériellement* l'homme, souffla sur lui. ce souffle fit impression sur la matière et la pénétra en lui donnant la vie.

Les philosophes ont appelé ce souffle, esprit, principe de vie, âme ; ce qui leur a fait dire que l'homme était composé d'un corps (matière) et d'une âme (principe de vie).

Mais si l'on ne croit pas à la tradition, que deviennent ce souffle et ce principe de vie ?

J'admets que la tradition soit nulle et

pour un instant je n'y crois plus. Je ne crois que ce que je vois et rien autre. Or je vois un fait indiscutable, je vois une matière issue d'une matière consciente et qui, consciente elle-même, se meut, entend, voit, grandit, pense, parle, raisonne et veut; puis cette même matière meurt, ne laissant de son individualité qu'un agrégat tangible, visible, qui pourrit et se désagrège pour se confondre avec d'autres éléments les plus divers et les plus dissemblables.

En présence de ce fait positif, je me pose cette première question : pourquoi cette matière consciente ne ressemble-t-elle en rien, de son vivant, aux autres matières existantes ? Et il m'est répondu : « cette matière est le résultat perfectionné d'une transformation progressive. Cette transformation est elle-même la conséquence d'opérations dites chimique, physique, combinaison, réaction, mouvement, force, chaleur et provient d'une cause spéciale, la vie. »

De cette réponse je conclus que si la tradition du souffle créateur est niée, il n'en reste pas moins que la matière est vivante, grâce à un principe de vie qu'elle possède.

Je demanderai alors d'où vient ce principe vital que détient cette matière. J'attendrai longtemps je crois, une réponse sérieuse, logique, irréfutable, convaincante.

Une deuxième question qui se présente à ma raison est : comment se fait-il que cette matière, qui s'est progressivement transformée depuis l'état initial, l'atôme ou le protiste, en passant par la série des Etres pour arriver jusqu'à l'homme, ne continue pas son développement ? Depuis 6000 ans que l'homme existe, rien de nouveau n'a paru !

De deux choses l'une, ou la matière s'est

arrêtée dans son évolution, ou il lui faut plus de 6000 ans pour une transformation.

Dans le 1ᵉʳ cas, que la matière malgré la loi de continuité reconnue et prouvée par Cuvier et si bien exploitée par les transformistes, ait fait comme Dieu, qu'elle se soit reposée après la transformation-homme, parce qu'elle avait accompli toute son évolution, pourquoi cette limite imparfaite à son perfectionnement ? car enfin l'homme est loin, très loin, excessivement loin d'être parfait. Il n'y a qu'à assister à une séance de la Chambre des députés pour être radicalement et à tout jamais convaincu de cette vérité.

Pourquoi cet arrêt de développement vers le perfectionnement ? Il est inexplicable et contraire à la raison, ou alors il faut admettre que la durée d'une évolution de transformation est de plus de 6000 ans. Voyons où cela va nous mener.

Si, pour qu'un Être nouveau transformé

apparaisse, il faut un minimum de 6000 ans, combien de temps s'est-il écoulé de l'atôme initial, du protiste ce premier terme des psychodiaires, à l'homme ?

Ce calcul est bien difficile, mais par approximation, d'après les données de la zoologie et ses classifications, on arriverait à ce résultat que pour amener par sélection et transformisme un protozoaire à être un homme il faudrait quelques centaines de mille années. Inutile d'insister.....

Ce problème auquel toutes les plus grandes intelligences se sont heurtées est insoluble en dehors de la tradition et de la révélation; et il faut, en fin d'hypothèses et de raisonnements, en revenir à admettre un principe de vie sur l'origine duquel nous ne discuterons pas, mais que nous sommes forcés de reconnaître ; ce qui permet de dire : l'homme est un composé de matière vivante, c'est-à-dire de matière et d'un principe de vie.

De plus, comme il est surabondamment prouvé que la génération spontanée n'est qu'une fiction mythologique, et que l'homme ne peut être le résultat perfectionné d'une transformation de la matière, il en résulte fatalement et irréfutablement que cette matière humaine a été créée, *in toto*, par Quelqu'un et que son principe de vie lui a été donné également par ce Quelqu'un.

De ce que nous ne savons pas exactement comment cela s'est fait, de ce que nous ne connaissons pas personnellement ce Quelqu'un, ce n'est pas une raison pour le nier.

Si on niait tout ce que personnellement on ne sait ou ne voit pas, on imiterait l'ignorant qui nierait les forces extraordinaires de la vapeur et de l'électricité parce qu'il n'en a pas les premières notions, ou la rotation de la terre parce qu'il ne l'a pas constatée lui-même.

Il faut donc en revenir à trois points évi-
dents, une matière, un principe de vie,
un créateur .t continuer la discussion sur
ce terrain.

§ 1

Peut-on définir la vie ?

Non, car nous ne savons pas ce que
c'est. On l'a constaté et on suppose que
c'est ce principe appelé « Esprit » ou
« Ame » qui en constitue le principe fondamental et initial.

Si, à la rigeur, on peut admettre que la
vie existe partout où la matière subit les
lois physiques, chimiques et mécaniques,
il n'en est pas moins reconnu que la vie
ne peut être considérée comme réelle que
là où elle obéit aux lois de la reproduction,
quelque soit son mode.

Dans ce cas, la vie appartiendrait aux
végétaux et aux animaux comme à l'homme ; mais, est-elle la même ?

La puissance créatrice inconnue mais forcément existante, Dieu, a dû graduer la puissance de la vie suivant l'importance attribuée aux objets créés.

Que cette vie se manifeste par des phénomènes chimiques, physiques, mécaniques, inconscients, instinctifs ou conscients, il n'en est pas moins évident que le mouvement n'existe que parce qu'il y a eu, à l'origine de la création, un moteur initial et que ce moteur initial n'a pu être que la volonté du Créateur, traduite par une émanation de son Etre.

Cela semble logique et raisonnable; mais en a-t-on la certitude ?

En dehors de ce qui nous donne la certitude physique et en dehors de la révélation, il est admis que la raison peut nous conduire logiquement à des conceptions suffisantes pour créer dans notre intellect une croyance équivalente à une certitude. Cette certitude est, je crois, appelée méta-

physique. Or, c'est précisément en conséquence de ces certitudes physique et métaphysique qu'ont été émises les idées pré-
cédentes.

Les certitudes physique et métaphysique sont-elles absolues ?

La certitude physique est absolue, oui,
parce qu'elle peut invoquer à son appui,
l'évidence. La certitude métaphysique,
non, elle ne peut pas toujours avoir l'évidence pour facteur, car l'homme qui est
un Etre relatif ne peut pas jouir de l'absolu dans le domaine de la raison. Seul, en
effet, l'absolu ne peut errer, seul donc
il possède la certitude métaphysique absolue ; c'est pourquoi, en dehors de la révélation, la certitude métaphysique n'est que
relative. J'en prends à témoin Platon, qui
a écrit : « Personne ne peut enseigner la
vérité, à moins qu'un Dieu n'ait été d'abord
son maître et son instituteur. »

De plus, l'homme ne peut-il avoir une

certitude dans l'erreur, d'où dépendra sa ligne de conduite ? N'existe-t-il pas des athées de bonne foi ?

Je croyais cependant que l'homme ayant des idées innées, tout ce qui ressortissait de ces idées était des certitudes ?

- Vieux jeu dangereux, les idées innées ! Elles ont fait assez de mal en philosophie et en religion pour n'avoir plus droit de cité (1). Il est d'ailleurs surabondamment prouvé par le développement, l'anatomie et la physiologie du cerveau qu'il n'existe et ne peut exister chez l'homme que des idées acquises modifiées individuellement par la personnalité cellulaire cérébrale.

Cette personnalité cellulaire cérébrale est la résultante des transmissions atavi-ques et héréditaires (hérédo-atavisme) qui donnent à la cellule une constitution his-tologique et dynamique personnelle (cons-

_____

(1) Page 74 § 3.

titution propre à la cellule), et des modifications cellulaires acquises (dynamisme
acquis.)

§ 3

L'action nerveuse physiologique n'est
pas, chez l'homme, limitée au fonctionnement cérébral. La moelle épinière joue un
rôle important.

Si elle a pour mission de servir de cor-
don transmetteur des impressions extérieures et somatiques au cerveau et réciproquement des impressions et réactions
cérébrales à l'extérieur, et si comme conséquence elle est soumise au cerveau, il
n'en est pas moins certain qu'elle jouit
d'une indépendance déterminée, d'un pouvoir réactionnel spécial sans intervention
de la fonction cérébrale.

Ce pouvoir appelé par les physiologistes
« faculté excito-motrice » ou « pouvoir réflexe » est d'une importance telle que,

sauf le cas où l'intelligence et la volonté interviennent *directement*, tout est réflexe dans la vie animale c'est-à-dire sous la dépendance de la moëlle.

Cette indépendance médullaire peut même, dans certains cas, augmenter son importance fonctionnelle. Si, à l'état d'équilibre stable entre la moëlle et le cerveau, celui-ci doit dominer toute la machine humaine puisqu'il est l'organe de la motricité volontaire et de la psychicité, il faut cependant tenir compte d'un fait indiscutable, de l'instabilité de cet équilibre d'où résulte souvent la prédominance des fonctions médullaires sur les fonctions cérébrales.

Il y a interversion ; les impressions et réactions physiologiques et anormales dominent les impressions et réactions psychiques et normales.

Cette interversion est une rupture d'équilibre due à une ataxie fonctionnelle céré-

bro-spinale par augmentation ou diminution du pouvoir réflexe ou excito-moteur
de la moëlle épinière.

Cette augmentation et cette diminution
sont soumises à une infinité de causes secondaires, d'où l'étrange complexité des
effets produits.

Ces causes secondaires sont communes
et banales, tels l'air, son état hydromé-
trique et électrique, sa pression ; le sol et
ses émanations directes ou indirectes par
ses produits ; la température chaude,
froide, sèche, humide ;. l'état globulaire
du sang ; l'alimentation ; les réflexes venus
des organes internes, etc.

L'interversion dans les fonctions cérébro-
spinales est une preuve certaine et incon-
testable de l'instabilité de l'équilibre qui
existe entre le cerveau et la moëlle.

Cette instabilité est même si prononcée
chez la femme que nul n'a jamais pu savoir
ce qu'elle est. Beaucoup ont essayé de la

définir, aucuns ne l'ont comprise. Cette non-compréhension repose sur ce fait que l'ambiance ayant sur sa moëlle et son cerveau une influence extraordinaire, le retentissement psychique en suit forcément les variations ; d'où les contradictions, les imprévus les plus extraordinaires et les plus compliquées.

Avec cette importance attribuée aux actions nerveuses cérébro-spinales, que devient l'esprit ou âme ?

Le principe de vie appelé « Esprit » ou « Ame » réside dans toutes les parties de l'individu comme la sève existe dans toutes les parties d'une plante. Mais de même que dans les racines de cette plante semble être son moteur initial individuel, de même dans un organe, le cerveau, semble spécialement résider le principe de vie de l'homme.

N'est-ce pas en effet dans le cerveau qu'est le siège de l'intelligence, de la raison, de la volonté ?

§ 4

Comment chez l'homme établir ce rapport entre le cerveau et le principe de vie conscient ?

Chez l'Etre humain vivant, toutes les cellules de la couche grise du cerveau sont de véritables plaques photographiques ou mieux des cinématographes où fait impression tout ce qui a rapport à nos sensations.

Et de même que le photographe prend connaissance des plaques impressionnées, de même le principe de vie conscient pour les impressions cérébrales.

Et de même que ce photographe ne peut voir et juger les paysages, les figures que par ce que lui donnent ses clichés, de même le principe de vie conscient ne peut prendre connaissance des sensations et les juger que par ce que lui donnent les empreintes cellulaires, et de même il n'agira que d'après ces mêmes empreintes. C'est ce qu'on appelle les idées acquises.

Le rapport entre le cerveau et le principe de vie conscient se résume donc en ceci : empreintes et localisations cellulaires des sensations qui parviennent au cerveau, connaissance de ces empreintes par le principe de vie conscient, réaction de ce principe d'après cette connaissance.

§ 5

En conséquence de ce qui vient d'être exposé, le principe de vie conscient de l'homme est comme enfermé, emprisonné dans la matière cérébrale, n'ayant aucun rapport direct avec l'extérieur dont il ne prend connaissance qu'indirectement et secondairement par des empreintes, et n'agissant que d'après la connaissance de ces empreintes.

De plus ses actes et réactions sont subordonnés aux sensations matérielles

sans que toutefois il soit relégué au se-
cond plan, car qui dit principe de vie dit
initium, commencement, cause primor-
diale. Ce n'est pas lui qui est soumis à la
matière, mais son mode seul de connaître
et d'agir, puisque c'est par la matière, et
par elle seule qu'il a le moyen de connaître
et d'agir.

Le principe de vie conscient de l'homme
prend-il connaissance de toutes les sensations non-seulement extérieures, mais encore de celles éprouvées par la matière et
par les actes intimes de cette matière, le
corps?

Non. Toute sensation qui n'arrive pas
au cerveau n'est pas perçue par le principe
de vie conscient : tels par exemple les
phénomènes *normaux* de la digestion, de
la calorification, de la circulation, qui sont
sous la dépendance de ce système nerveux
spécial « le grand sympathique » grand
arbitre de la vie végétative; telle une

grande partie des phénomènes d'origine réflexe.

Cette explication ressemble singulièrement à la *localisation cérébrale du principe de vie conscient.*

Je ne le nie pas et voici pourquoi.

Les animistes admettent, et j'admets avec eux : un principe de vie rudimentaire pour les plantes, « *âme végétative* »; un principe de vie plus parfait pour les animaux, « *âme animale* » ; un principe de vie supérieur complexe, pour l'homme « *âme humaine* ».

Il y a dans cette hiérarchie comme une graduation proportionnelle au fur et à mesure que l'on s'élève dans l'échelle des Etres vivants.

Or, rien ne s'oppose à ce que le principe de vie supérieur complexe de l'homme, l'âme humaine en un mot, ne soit une synthèse et du principe de vie végétatif et du principe de vie animal et de ce principe de vie conscient spécial à l'homme.

L'homme en effet ne possède-t-il pas ces trois modes de vie ? vie végétative par son grand sympathique ; vie animale, réflexe, instinctive, excito-motrice, par sa moëlle ; vie intellectuelle consciente par son cerveau ?

De plus, n'y a-t-il pas identité ?

1° Le principe de vie rudimentaire des plantes, « âme végétative », est représenté par des actes chimiques, physiques, mécaniques, inconscients, sous la dépendance matérielle des racines.

Chez l'homme, ce même principe est représenté par les actes chimiques, physiques, mécaniques et inconscients de la digestion, de l'assimilation, de la calorification, de la croissance, sous la dépendance matérielle des racines nerveuses du grand sympathique.

Or l'identité de cette vie végétative chez les plantes et l'homme ne conclut-elle pas logiquement en faveur de l'identité du principe de vie ?

2° Le principe de vie des animaux « âme animale » est représenté par des actes sensitifs, réflexes, instinctifs, volontaires mais semi-conscients (car au plus perfectionné d'entre les animaux il manque un facteur capital, la raison), actes sous la dépendance matérielle d'un organe spécial la moëlle épinière dont le prolongement céphalique se développe au fur et à mesure que l'animal s'élève dans l'échelle des Etres, sans toutefois que ce prolongement puisse atteindre la perfection du cerveau humain.

Chez l'homme, ce même principe est représenté matériellement par ce même élément, la moëlle, par les mêmes actes. Dans les premiers mois, la vie de l'enfant n'est-elle pas purement animale ? D'ailleurs, l'étude de la moëlle et des actes correspondants chez l'homme n'a-t-elle pas fait dire aux physiologistes que, sauf le cas ou l'intelligence et la volonté interviennent directement, tout est réflexe dans la *vie animale* de l'homme c'est-à-dire sous la dépendance de la moëlle.

Or, ici encore, l'identité de cette vie animale chez les animaux et l'homme n'entraîne-t-elle pas l'identité du principe de vie ?

Reste ce principe de vie spécial à l'homme, principe conscient représenté matériellement par un organe spécial, le « cerveau humain ».

Comment l'homme raisonne-t-il, a-t-il conscience de ses actes, par quel organe agit-il, etc ? par son cerveau.

De l'intégrité du cerveau dépend l'intégrité de l'intelligence, de la raison, de la volonté. Ce n'est plus à prouver.

§6

Ainsi donc la présence dans l'homme des trois vies végétative, animale et intellectuelle, entraîne la présence des trois principes de vie correspondants qui, synthétisés, forment cette *Unité triplex:* l'âme humaine.

Cet adjectif « synthétisés » n'exprime pas l'idée d'agrégat, de réunion ou juxtaposition, il veut dire que l'âme humaine renferme *in esse*, dans son essence même, les entités des âmes inférieures.

Quand au mot Unité, il comprend que l'âme est un principe unique et indivisible et, par son qualificatif triplex, que cette âme possède la triple activité végétative, animale et intellectuelle.

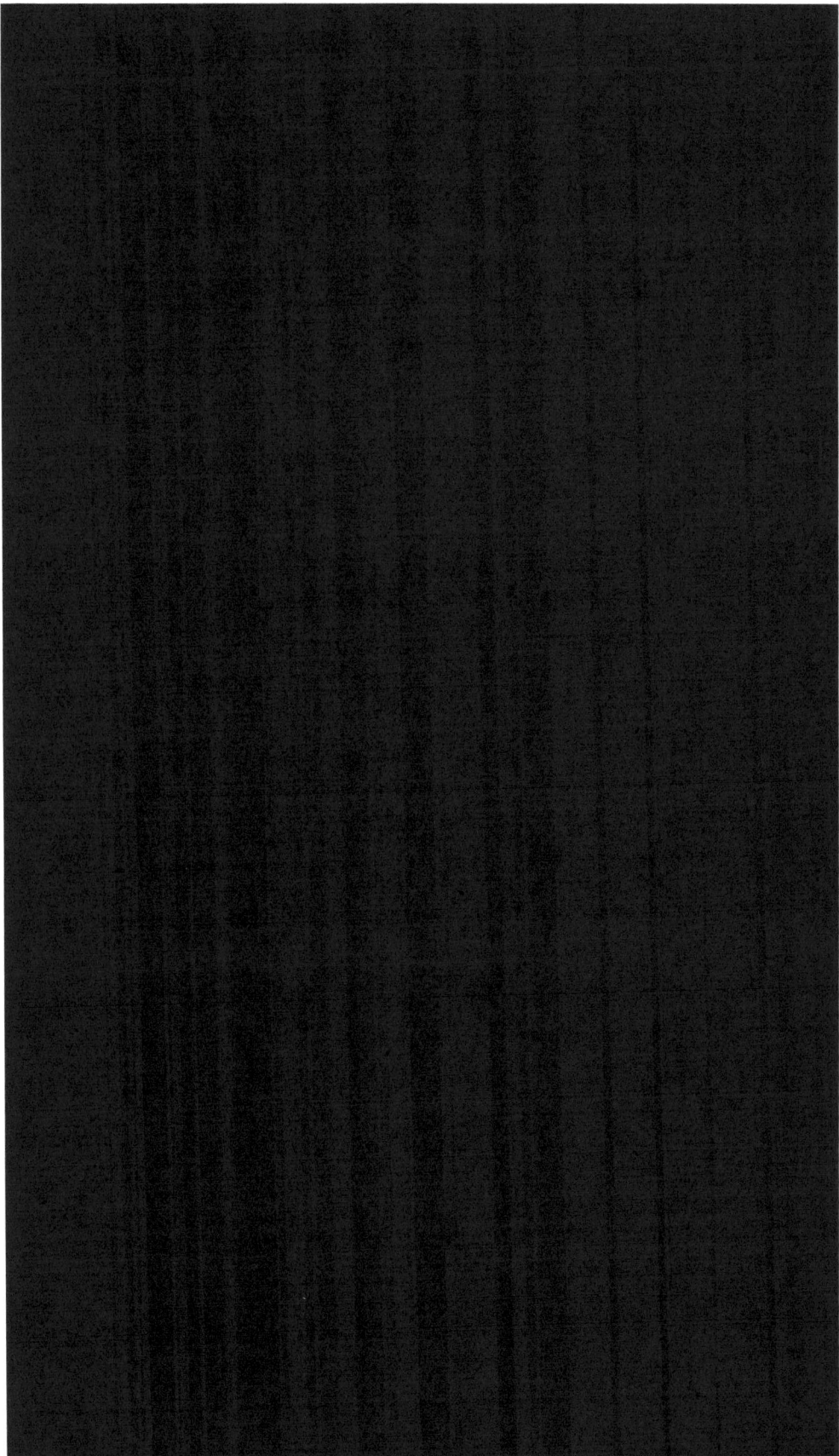

IV

Si le Cerveau est le seul mode pour l'Ame de connaître et d'agir, ce mode matériel laisse-t-il à l'homme sa responsabilité et peut-on, dans le cas où celle-ci existe, l'apprécier moralement ?

---

§ I

DE L'HÉRÉDO-ATAVISME

L'état matériel spécial et fatal dans lequel se trouve un descendant par le fait de ses parents et de ses ancêtres est un argument souvent mis en avant en faveur de l'irresponsabilité.

Cet hérédo-atavisme a-t-il réellement l'importance qu'on veut bien lui attribuer ?

« Tel père, tel fils », « bon chien chasse de race », telles sont les formules courantes, représentatives d'une idée générale, telles sont les formules populaires de l'hérédité et de l'atavisme qui, diffèrent de l'hérédité, ne se localise pas dans le produit de deux Etres créateurs, mais s'étend au produit de toute une série successive.

L'Etre créé, en effet, n'est pas seulement la résultante de deux éléments mâle et femelle, mais d'une série successive et ininterrompue de ces éléments ; aussi « bon chien chasse de race » représente-t-il bien l'idée de série et « tel père, tel fils », l'idée de l'action personnelle des deux derniers éléments.

L'atavisme embrasse les ancêtres, l'hérédité les parents. Cette distinction scientifique vient de l'idée que nous avons de la personnalité cellulaire caractérisée par l'hérédo-atavisme, la constitution propre à la cellule et le dynamisme acquis. (1)

Cette constitution propre à la cellule et

ce dynamisme acquis sont les bases de l'hérédité. Ils impriment dans l'Etre créé le fait nouveau ajouté à la série ancestrale. Ce fait nouveau provenant des parents, constitue l'héritage que personnellement ils nous lèguent.

L'explication suivante mettra mieux en relief cette distinction.

Une série ancestrale est indemne de tares. Un représentant de cette série contracte des habitudes alcooliques, et procrée alors que son organisme est déjà adultéré par l'action toxique de l'alcool. Son produit sera la continuité de la série ancestrale à laquelle viendra s'ajouter une modalité spéciale nouvelle, conséquence de l'adultération matérielle acquise et de l'état histologique et dynamique personnel cellulaire existant chez le père au moment de la création.

Ataviquement le produit sera indemne, alors qu'il pourra être taré héréditaire-

10

ment, et cette tare héréditaire deviendra par la suite, chez les descendants, une tare atavique.

Quelles sont les conséquences de l'atavisme et de l'hérédité ?

La matière vivante issue d'une série successive de matières vivantes emporte avec elle, en plus ou moins grand nombre, les modalités histologiques et dynamiques des individus qui ont composé cette série.

Il en résulte donc une complexité histologique et dynamique dont l'individu est un mélange appelé à réagir suivant tel ou tel mode déjà déterminé, je dirai même, préexistant.

Ces réactions hérédo-ataviques ont frappé tous les penseurs.

Drumont, qui passe à juste titre pour le plus profond penseur de notre époque, a écrit, au sujet du livre de M. de Vogüé « les morts qui parlent », un article dont je retiens les lignes suivantes :

« J'ai lu cette année les *Morts qui parlent*. C'est une œuvre puissante, originale et forte, et j'y ai pensé l'autre soir, après cette extraordinaire séance de la Chambre où l'on vit les partisans de la Commune acclamer Galliffet, et Menier, le grand usinier du chocolat, voter pour Millerand, le collectiviste...

« Nul peut-être n'a plus merveilleusement analysé que M. de Vogüé cette âme collective du Parlement, cette combinaison chimique formée de si étranges éléments, et qui donne des résultats si inattendus.

« Nul n'a mieux noté aussi ce phénomène dont nous avons souvent parlé : ce contraste entre la salle des séances et l'intérieur du palais qui fait que des hommes courtois, bien élevés, déférents pour les idées des autres, se parlant entre eux sur le ton de la bonne compagnie, s'invectivent tout à coup, échangent entre eux des épithètes ignobles, se lancent des regards menaçants dès qu'ils ont monté trois marches et franchi une porte au-dessus de laquelle est écrit en lettres d'or : *Salle des séances*.

« Pourquoi ce changement soudain et qui s'accomplit pour ainsi dire sans transition ? « Parce que ce ne sont plus les vivants qui parlent », vous répond un des personnages du livre de M. de Vogüé, « ce sont les morts qui ressuscitent brusquement dans cette atmosphère spéciale qui dégage et réveille toutes les vieilles haines, toutes les passions furieuses assoupies dans l'être humain.

« Ecoutez ce que dit le docteur Ferroz, le savant

et le penseur, qui semble n'avoir voulu entrer au
Parlement que pour y voir la maladie sociale de
plus près. »

— Ah ! mon ami, vous croyez voir les gestes, entendre les paroles de cinq cent quatre-vingts contemporains,
sans plus, conscients et responsables de ce qu'ils disent
et font ? Détrompez-vous. Vous voyez, vous entendez
quelques mannequins, passants d'un instant sur la scène
du monde, qui font des mouvements réflexes, qui sont
les échos d'autres voix.

Regardez, derrière eux, une foule innombrable, les
myriades de morts qui poussent ces hommes, com-
mandent leurs gestes, dictent leurs paroles. Nous croyons
marcher sur la cendre inerte des morts ; en réalité, ils
nous enveloppent, ils nous oppriment ; nous étouffons
sous leur poids ; ils sont dans nos os, dans notre sang,
dans la pulpe de notre cervelle ; et surtout quand les
grandes idées, les grandes passions entrent en jeu,
écoutez bien la voix : ce sont les morts qui parlent....,

Le livre de M. de Vogüé pourrait avoir pour
épigraphe :

« *Quisquis nostros patimur manes* »

EDOUARD DRUMONT.

Ces lignes ne sont que trop vraies et
nous nous demandons ce que seront les
descendants de cette vieille noblesse fran-
çaise dont les pères ont épousé des Juives !

Mariages, hélas ! où la seule attraction moléculaire a été métallique et où tout rapprochement physiologique ne peut être que conventionnel !

Triste race pour l'avenir ! Dans ces générations nouvelles, la tare juive imprimera ses stigmates et l'atavisme se chargera de montrer la couleur du métal sous les armoiries des blasons !

Ces descendants seront-ils responsables de cette hérédité et de cet atavisme ? Evidemment non. Ils les subiront fatalement, inconsciemment, malheureusement pour eux qui en seront les premières victimes, malheureusement pour leur pays, s'ils sont appelés à y jouer un rôle.

L'atavisme et l'hérédité sont donc des modalités matérielles qui, subies et fatales, entraînent l'irresponsabilité.

Toutefois ces modalités peuvent être atténuées ou augmentées par le fait des acquisivités.

§ 2

DE L'ACQUISIVITÉ

L'acquisivité est la faculté que possède le cerveau de l'homme de s'assimiler les extériorités.

Dans son discours de réception à l'Académie, en 1869, Claude Bernard a écrit : « Il y a des intelligences innées ; on les « désigne sous le nom *d'instincts*. Ces fa- « cultés inférieures sont invariables et in- « capables de perfectionnement ; elles sont « imprimées d'avance dans une organisa- « tion achevée et immuable. Mais il en est « tout autrement des facultés intellec- « tuelles supérieures : les lobes cérébraux, « qui sont le siège de la conscience, ne « terminent leur développement et ne « commencent à manifester leurs fonctions « qu'après la naissance. Il devait en être « ainsi, car si l'organisation cérébrale eut « été achevée chez le nouveau-né, l'intelli-

« gence supérieure eut été close comme
« les instincts, tandis qu'elle reste ouverte
« au contraire à tous les perfectionnements
« et à toutes les notions nouvelles qui s'ac-
« quièrent par l'expérience de la vie. »

Chez le nouveau-né, en effet, le cerveau
est seulement esquissé au point de vue
anatomique, il n'existe pas au point de vue
fonctionnel ; et si la couche corticale est déjà
topographiquement prédestinée à telle ou
telle fonction motrice ou sensitive, il n'en
reste pas moins un organe indifférent.

En dehors des réactions cellulaires ataviques qui, en se développant fatalement,
imprimeront aux empreintes reçues une
allure déterminée, c'est un organe vide ;
aussi la vie nerveuse d'un nouveau-né est-
elle limitée au fonctionnement du système
spino-bulbaire (moëlle épinière et bulbe).
Ceci est scientifiquement prouvé. (1)

_____

(1) Page 9, § 4.

En se développant, cette pâte molle, si bien préparée à subir et à recueillir toutes les impressions, s'imbibe insensiblement d'empreintes qui seront les bases sur lesquelles l'enfant, l'adolescent, l'homme assoieront leurs jugements et conséquemment leurs actions.

Ce fait est capital. Il différencie nettement l'homme des animaux. Il est un des arguments les plus puissants contre le transformisme, car il faudrait trouver, entre le singe et l'homme, l'Etre doué et de ces intelligences innées dites instincts et d'un certain degré de ces puissances intellectuelles qui caractérisent l'homme, c'est-à-dire cet intermédiaire « l'homme-singe » que n'ont jamais pu découvrir, malgré toutes leurs recherches, les paléontologistes.

Mais, si les animaux ont des intelligences innées spéciales à chaque espèce, invariables et incapables de diminution et de perfectionnement, appelées « *instincts* », comment se fait-il que les animaux nous comprennent et que nous puissions faire des animaux dits savants ?

Il ne faut pas confondre une acquisivité intellectuelle avec une acquisivité automatique ou une habitude organique. Celle-ci n'est que la conséquence d'une répétition d'actes dans des circonstances toujours identiques. Par suite de cette répétition, les extrémités articulaires des prolongements des neurones augmentent leur aptitude d'adaptation.

Cette augmentation d'aptitude d'adaptation crée des groupements automatiques spéciaux de neurones, groupements doués d'une activité spéciale automatiquement acquise et réagissant, toujours dans le même sens, sous la même excitation.

C'est ce qui explique les chevaux qui comptent, les oiseaux qui tirent la bonne aventure, les perroquets qui valsent, et

autres attractions quelquefois surprenan-
tes des cirques ou des baraques de saltim-
banques.

Mais, je me suis un peu éloigné de mon
sujet ; j'y reviens.

Où et comment se feront les acquisivités
cérébrales ?

Elles ne peuvent se faire que dans le
milieu social où l'on est né, où l'on vit,
par ambiance, par éducation, par instruction, par imitation.

Il existe en France 4 classes sociales : le
peuple, la bourgeoisie, la noblesse et le
clergé. A ces quatre états sociaux est attaché
un mode général, mais aussi très spécial de
penser, d'agir, de vivre. Dès leur naissance, les enfants subissent donc des impressions différentes, en rapport avec leur
origine d'abord, puis avec le milieu où ils
seront élevés.

Les lois qui régissent les mondes sont
identiques : et de même que le milieu am-

biant et l'atmosphère dans lesquels vivent les plantes, les animaux et l'homme ont une influence réelle sur leur état physique, de même l'ambiance et l'atmosphère morales ont une action indiscutable.

Ce fait, que la connaissance du mécanisme physiologique du cerveau rend si évident, est reconnu pratiquement si vrai que tout homme arrivé au pouvoir ne cherche pas tant à faire partager ses idées ou ses erreurs à ses contemporains, dans le cerveau de qui il faudrait faire presque table rase des acquisivités antérieures pour les remplacer par de nouvelles, qu'à les faire pénétrer dans l'esprit des enfants par l'instruction, par l'école.

Ils cherchent à créer, pour ces cerveaux malléables, une ambiance spéciale. D'où l'explication de toutes ces lois, dont quelques-unes tendent à aller jusqu'au remplacement du père par l'Etat, d'où ces luttes pour la religion et l'enseignement.

A l'inverse de l'atavisme qui est fatal, l'acquisivité est relative et peut être en accord ou en antagonisme avec lui : en accord pour l'augmenter, en antagonisme pour le combattre, l'affaiblir et même l'annihiler.

§ 3

IRRESPONSABILITÉ ET RESPONSABILITÉ

En parlant de l'atavisme, il a été dit que les réactions ataviques des cellules cérébrales se faisaient suivant un mode préexistant fatal, entraînant l'irresponsabilité. Il a été dit aussi que l'acquisivité était une propriété de ces mêmes cellules à se laisser imprégner d'empreintes, avec un coëfficient de fixation déterminé, que cette acquisivité était nécessaire et dépendait d'impressions venues de l'extériorité, sans quoi le cerveau resterait vide.

Ces deux faits ne nous conduisent-ils pas forcément à cette conclusion que l'hommic, agissant par atavisme et acquisivité, est irresponsable ?

Certainement l'homme est matière et, en tant qu'organisme au repos ou en action, il est identique à l'animal. N'est-il pas classé en zoologie dans l'embranchement des vertébrés, classe des mammifères, groupe des monodelphiens, section des onguiculés, ordre des bimanes ?

Quand son cerveau entre en action, ses cellules réagissent d'après les impressions reçues. Ces réactions sont d'ordre physiologique et matériel ; elles sont inconscientes au même titre que les réactions physiques et chimiques de l'estomac pendant le travail de digestion.

Comme l'animal, il a des instincts, des appétits dûs aux actions des forces vitales motrices de la matière (âme végétative, animale) ; comme l'animal, il réactionne suivant son atavisme, son hérédité et ses acquisivités.

Aussi l'homme n'a-t-il, dans son animalité, aucune responsabilité.

Mais il faut tenir compte de ce fait essentiel, capital, que le cerveau de l'homme est aussi l'organe de la psychicité (1), de la conscience (2), qu'il est l'organe matériel de ce principe de vie spécial à l'homme. Et comme toute acquisition faite par une cellule a son correspondant dans le principe de vie, l'âme ; que toutes les réactions volontaires ou coordonnées des cellules cérébrales sont sous la dépendance de ce principe de vie (3), il en résulte que l'atavisme, l'hérédité et l'acquisivité ne sont que des facteurs matériels sur lesquels repose l'action volontaire de l'homme.

Or cette action volontaire étant la mise en mouvement du choix fait par le

---

(1) Page 118 § 4.
(2) Conscience que nous avons définie : connaissance que l'âme possède de l'extériorité par l'entremise du cerveau et de l'intériorité par son action personnelle. — Page 97.
(3) Page 86 § 5.

jugement et la raison, entraîne avec elle la responsabilité de l'agissant.

L'homme devient donc responsable par son action volontaire et par sa conscience.

Si tous ses actes matériels étaient d'un physiologisme normal, c'est-à-dire si la matière humaine jouissait dans son fonctionnement d'un équilibre parfait, si les tares ataviques, héréditaires n'existaient pas, si les acquisivités ne dépendaient que du vrai, du bien et du beau, la responsabilité serait absolue.

Mais il n'en est pas ainsi.

Cette responsabilité ne saurait être que relative et humainement inappréciable, puisqu'elle a pour assise des facteurs matériels muables, imprégnés de modalités fatales et d'empreintes subies ; facteurs dont les réactions matérielles pourront encore être troublées et modifiées par des phénomènes pathologiques émanant de lésions d'autres parties matérielles du corps (système nerveux grand sympathique, moëlle épinière), où du cerveau lui-même, telles les cérébroses, tels les phénomènes de dualité, etc. (1)

§ 4

Nous pouvons donc conclure que l'homme est *irresponsable par son animalité*, *responsable par sa conscience, que cette responsabilité est relative et humainement inappréciable.*

---

(1) Voir appendice § 2.

V

L'humaine inappréciabilité de la responsabilité n'est-elle pas l'équivalent de l'irresponsabilité.

———————

Les notions de liberté, de société et
d'Etat répondront à cette objection.

§ I

QU'EST-CE QUE LA LIBERTÉ ?

La Liberté est le principe fondamental
de la responsabilité humaine.

Sans liberté pas de responsabilité.

Elle est définie : la faculté que l'homme
possède de choisir entre les moyens qui
conduisent à un but déterminé et d'agir
d'après ce choix.

Cette définition fait de la liberté une dépendance de la raison.

Les bases, en effet, sur lesquelles reposent la liberté sont au nombre de deux, le choix et l'action.

Le choix est la conséquence d'un jugement, puisqu'on ne peut choisir une chose sans la connaître, l'avoir discutée, jugée ; or, le jugement étant un acte de la raison et le choix étant une conséquence du jugement, il s'ensuit de toute évidence que le choix dépend de la raison.

L'action est la conséquence d'un acte volontaire, et comme tout acte volontaire est sous la dépendance de la volonté — puisque pour agir il faut vouloir — il en résulte que l'action dépend de la volonté.

Mais la volonté ne peut agir sans un mobile d'action, c'est-à-dire sans un choix préalable sur lequel s'exercera son activité ; or, le choix dépendant de la raison — ainsi que nous venons de le dire — il s'ensuit que la volonté ne peut agir sans la raison, d'où cette conséquence inéluctable, la liberté découle de la raison, et ce corollaire logique, la liberté appartient seule aux Etres doués de raison.

D'ailleurs, le sens commun et le jugement de tous les hommes de toutes les époques ne l'ont reconnue qu'à ces seuls Etres, et ils l'ont regardée comme la cause de la responsabilité individuelle, par cette conclusion que celui qui peut choisir une autre chose entre plusieurs est maître de ses actes et par conséquent responsable.

§ 2

LIBERTÉ HUMAINE

L'homme étant un Etre doué de raison est donc libre; mais, par suite de sa nature, sa liberté est forcément imparfaite et peut tendre également vers le bien et vers le mal. Il peut arriver et il arrive souvent que par erreur d'éducation, d'instruction, d'appréciation, de jugement, par prédominance d'une passion mauvaise, l'esprit propose à la volonté un objet qui n'a du bien réel que l'apparence et nous agissons. En agissant nous faisons preuve d'une liberté déviée, d'un abus de liberté, puisqu'il y a eu erreur dans notre choix sur la valeur du bien choisi et qu'en conséquence notre liberté a porté sur une erreur. Elle se trouve donc tournée vers le mal et si elle le veut, ce n'est que comme résultat de notre imperfection ; dès lors elle devient mauvaise, déviée.

Les philosophes de l'antiquité professaient ces idées, puisque d'après eux, nul n'était libre que le sage, c'est-à-dire celui qui s'était formé à vivre constamment suivant l'honnêteté et la vertu.

§ 3

LIBERTÉS INDIVIDUELLE, D'ACTION, SOCIALE

Si la liberté parfaite est illimitée dans sa tendance à la perfection de l'individu lui-même ou des autres, il n'en est pas moins vrai que, dans l'ordre réel des choses, la

liberté humaine est imparfaite et peut vouloir le mal.

Par rapport au *moi*, à l'individu lui-
même, seuls les moyens moraux peuvent
diriger cette liberté individuelle ou morale
qui est inviolable et que nulle puissance
humaine ne saurait restreindre. Mais si
elle s'étend en dehors du *moi*, si elle s'é-
tend à l'action extérieure, cette liberté individuelle devient *liberté d'action*, qui est le
pouvoir de faire ce que nous ayons voulu,
liberté d'action qui doit être réglementée
par des codes.

Quand les hommes se réunissent en société, ils réunissent leurs libertés individuelles et actionnelles.

De cette réunion naît fatalement une nouvelle liberté, la *liberté sociale*, qui est pour
l'homme la faculté d'agir en tant qu'il se
conformera au respect de la liberté d'action de son voisin.

Mais pour que cette liberté sociale

s'exerce, étant donné que la liberté humaine est imparfaite et peut être déviée par l'erreur, il est de toute nécessité qu'il faille à cette liberté sociale des Codes qui l'endiguent dans le bien réel et permettent à sa violation une sanction.

§ 4

AGENT DE GARANTIE DES LIBERTÉS — ÉTAT

Il devenait alors nécessaire aux libertés individuelles de créer un *agent de garantie* à l'exécution de ces Codes, qui étaient eux-mêmes la garantie de la liberté sociale.

Cet *agent de garantie* est l'*Etat* (qu'il soit empire, royauté, république, peu importe) dont la fonction est nettement définie : garantir à chacun l'exercice de sa liberté, prendre les mesures nécessaires pour défendre cette liberté et la protéger contre les entreprises et les empiétements d'autrui.

Mais cet Etat, une fois créé, doit-il être strictement limité à cette fonction ?

Un fait évident existe : la tendance que possède toute société à se perfectionner.

Ce progrès légitime de l'humanité tend sans cesse à s'accentuer et demande sur certains points *une action d'ensemble*, pour obtenir tel résultat *utile* que l'action individuelle ou les initiatives privées associées ne sauraient obtenir.

Cette action d'ensemble donne donc à l'Etat un droit, le droit d'exiger le sacrifice de certaines libertés privées (comme l'action stratégique ne permet pas à chaque soldat de marcher à sa fantaisie).

La fonction de l'Etat s'élargit donc ; ce n'est pas seulement une fonction de protection, mais une fonction d'organisation et de progrès.

Ainsi l'Etat, dont l'origine émane de la liberté individuelle et qui n'est que le complément de l'homme, de la famille et des associations, est un pouvoir préposé *au maintien* du libre exercice de la liberté d'action et de la liberté sociale *et à leur perfectionnement :* 1° en stimulant et en encourageant l'initiative individuelle et l'initiative d'association privée pour leur faire produire tout le possible ; 2° en prenant l'initiative et la direction des actions collectives nécessaires à l'accomplissement de certains progrès utiles au bien physique, intellectuel, moral de l'humanité. Ce pouvoir, enfin, a le droit d'exiger les sacrifices individuels *que nécessite l'action d'ensemble* tendant à réaliser un but vraiment honnête et utile, un but qu'on ne peut obtenir par l'utilisation de la spontanéité individuelle, encouragée par tous les moyens.

§ 5

Ces notions nous apprennent que si nous ne pouvons apprécier la liberté morale individuelle, nous pouvons apprécier les libertés actionnelle et sociale par les actes extérieurs ; en d'autres termes, si la responsabilité morale ou intrinsèque, la seule vraie, nous échappe, la responsabilité de fait ou extrinsèque existe et doit exister, pour permettre aux hommes de vivre ensemble, en société, en Etat.

Ce modus vivendi artificiel, basé sur une interprétation des faits qui se sont produits ou pourront se produire entre les hommes, les sociétés et les Etats, est certes loin d'être parfait, mais il n'en est pas moins nécessaire et nous devons nous y soumettre.

Toutefois, n'oublions pas dans nos jugements la part de notre ignorance du *moi* de notre voisin et mieux vaut ne pas juger s'il n'y a pas obligation. Si nous sommes obligés de le faire, agissons avec prudence. Pour le cas où notre action sociale nous ferait un devoir ou une nécesaité d'appliquer une sanction, soyons indulgents.

« Que celui de vous qui n'a pas péché
lui jette la première pierre », a dit le
Christ; « Qui sait sous quel fardeau la pau-
vre âme succombe », a répondu le poëte.

Humaine inappréciabilité de la responsabilité n'est donc pas synonyme d'irresponsabilité.

VI

Appendice

———— ❦ ————

§ I

CÉRÉBROSES ET NON PSYCHOSES

Au sujet de l'idée acquise nous avons dit (1) que l'empreinte, l'image, la mémoire étaient trois propriétés dynamiques de la cellule nerveuse cérébrale, que les troubles pathologiques ressortissant de ces trois propriétés étaient des troubles propres aux cellules ou à leurs fibres d'association, troubles aussi variés que les altérations histologiques ou dynamiques, quantitatives ou qualitatives, pourront l'être dans ces cellules ou leurs fibres d'association.

———————————————

(1) Page 31 § 4.

Ces troubles pathologiques sont actuellement inscrits dans les traités de pathologie sous la rubrique « psychoses, maladies mentales ».

Les expressions « cérébroses, maladies cérébrales », me paraissent plus légitimes plus rationnelles, plus scientifiques.

Le terme « psychose » est en effet impropre, j'oserai dire erroné. Il semble indiquer un phénomène psychique c'est-à-dire de l'âme ψυχή ; or, ce n'est pas l'âme qui est détraquée, c'est l'instrument, le cerveau.

La lésion n'est pas une lésion psychique mais matérielle.

La pathologie mentale ou mieux cérébrale n'est pas l'étude des troubles psychiques ou immatériels de l'intelligence, de la volonté, mais l'étude des troubles matériels de la substance cérébrale qui sert de base à ces phénomènes psychiques.

Cette dénomination de « psychose » entraîne à des définitions fausses par ce qu'elles laissent supposer un état morbide possible de l'intelligence, de la raison, de la volonté, même de la conscience.

Prenons un exemple, la manie.

Envisagée en tant que syndrôme, la manie est caractérisée par une surexcitation générale et permanente des facultés intellectuelles et morales. Telle est la définition des auteurs.

On se demande immédiatement comment ces facultés propres de l'âme peuvent être malades.

Il serait, ce me semble, plus rationnel et scientifique de dire : la manie est caractérisée par une altération de telles cellules ou fibres cérébrales qui servent d'assise à tels phénomènes psychiques, (altération de la substance chromatique, achromatique, nucléaire, névroglique, pigmentaire, conjonctive, etc.)

Ce mode de définition obligerait d'avantage à préciser le substratum anatomique, fixerait mieux l'idée et amènerait tôt ou tard l'anatomie pathologique à des découvertes, qui permettraient de localiser les lésions des folies comme on localise les lésions de la motricité volontaire, de la parole, de la lecture, de l'ataxie locomotrice, de la sclérose latérale amyotrophique, de la paralysie atrophique de l'enfance, lésions qui n'ont rien de psychique.

Ce mot « cérébrose » aurait de plus le grand avantage de faire cesser toute équivoque ou toute confusion qu'a tendance à faire naître ou entretenir le terme « psychose. »

Certes, c'est un grand changement à apporter dans ce domaine spécial de la pathologie, mais je ne le crois pas impossible et au-delà des forces cliniques et nosographiques d'un médecin aliéniste, qui voudrait sérieusement examiner la question.

Pourquoi les cellules cérébrales nerveuses, névrogliques, la trame conjonctive et les fibres de projection ne subiraient-elles pas des lésions de substance comme dans la moëlle épinière ?

Pourquoi les points d'articulation des neurones « *arthridies* », véritables centres fonctionnels, ne subiraient-ils pas des altérations, des vices de juxtaposition, de contact, pourquoi n'auraient-ils pas leurs « *arthridites* » ? Rien ne s'y oppose, puisque ces faits cliniques le font surabondamment pressentir.

Avant Baillarger, la paralysie générale ne faisait-elle pas partie des psychoses ?

Comment, en effet, expliquer la folie héréditaire, sinon par une transmission morbide spéciale de la substance qui la prédispose à telle ou telle altération. Comment expliquer la folie alcoolique, sinon par une lésion acquise de substance, lésion variant avec la nature du liquide toxique.

Quelles sont donc alors ces lésions matérielles ?

Qui sait si l'hystérie n'est pas une cérébrose, une ataxie de juxtaposition ou de
contact des neurones entre eux par lésion
de la cellule ou de ses prolongements ?

Si, actuellement, les lésions histologiques des cérébroses, ne sont pas connues,
est-ce une raison pour qu'elles n'existent
pas ?

Personnellement, j'ai la conviction qu'un
jour sera, où sous le titre de « Cérébroses »,
les folies seront classifiées comme le sont
les myélites.

§ 2

DUALITÉ CÉRÉBRALE

L'anatomie, la physiologie, la pathologie et surtout l'hypnotisme, démontrent,
sans conteste aujourd'hui, l'indépendance
des deux hémisphères cérébraux, la coordination de leur fonction à l'état normal
et leur dissociation à l'état pathologique.

De l'étude de cette dualité cérébrale,
certains auteurs ont été amenés à conclure
qu'il n'y pas seulement une seule conscience, une seule personne dans l'homme
normal, mais deux.

Cette double conscience, cette double
personnalité seraient la conséquence logique du dédoublement fonctionnel cérébral.

A priori, cette proposition semble bou-
leverser toute idée de responsabilité même
relative. Il n'en est rien. Vraie dans cer-

tains états pathologiques, elle est fausse dans l'état normal de l'homme.

Ces phénomènes de dédoublement ne se produisent, en effet, que chez des individus dont le système nerveux cérébral est profondément troublé (folie, hypnotisme).

Une des conséquences des troubles apportés dans le fonctionnement du cerveau est la cessation de la coordination normale des fonctions des deux hémisphères, d'où une dissociation.

Que des causes externes ou internes viennent alors réveiller des empreintes, des centres d'imagination ou sensitivo-moteurs, les fonctions coordinatrices étant dissociées, ces réveils se feront dans les deux hémisphères en même temps mais séparément, c'est-à-dire en deux sens différents dont l'âme prendra connaissance.

Cette connaissance, cette perception intime sera évidemment double. Il y aura bien double conscience, deux *moi* et deux

individus, mais ce fait sera le résultat d'un
état spécial pathologique, d'un défaut de
coordination des fonctions matérielles cérébrales, qui jamais n'existe à l'état normal.

Il vient donc confirmer la thèse qu'à l'é-
tat physiologique parfait la responsabilité
serait absolue ; qu'à l'état physiologique
instable dans lequel nous vivons, elle est
relative ; que, dans certains états pathologiques, elle est sinon supprimée tout au
moins fortement atténuée.

Pour ces états pathologiques spéciaux,
je ferai la restriction qu'il n'y aura pas eu
de responsabilité initiale, c'est-à-dire que
ces états ne seront pas la conséquence
d'actes voulus antérieurement, ayant rom-
pu l'équilibre physiologique de l'individu.

§ 3

Division artificielle du cerveau (1)

LOBES D'UN HÉMISPHÈRE CÉRÉBRAL	Lobe frontal, Lobe pariétal, Lobe occipital, Lobe temporal, De l'insula de Reil, Grand lobe limbique de Broca	

LOBE FRONTAL

Région frontale antérieure.	1re et 2me Circonvolutions frontales.	
Région frontale externe.	3me Circonvolution frontale dite de Broca. Circonvolution frontale ascendante	
Région frontale inférieure ou orbitaire	gyrus rectus 1re, 2me et 3me circonvolutions frontales.	
Région frontale interne.	1re circonvolution frontale, Lobule paracentral.	

LOBE PARIÉTAL

Région pariétale externe.	Circonvolution pariétale ascendante.	
	1re circonvolution ou pariétale	Circonvolution pariétale supérieure Lobule pariétal supérieur.
	2e Circonvolution ou pariétale	Circonvolution pariétale supérieure Lobule pariétal inférieur.
	Pli courbe.	
Région pariétale interne	Lobule quadrilatère ou Précunéus.	

---

(1) J. Déjerine. *Anatomie des centres nerveux.*

LOBE OCCIPITAL	Région occipitale externe et postérieure.	1re, 2e, 3e Circonvolutions occipitales, gyrus descendens.
	Région occipitale interne.	Cunéus. Lobe lingual. Lobe fusiforme.
	Région occipitale inférieure.	Lobule lingual..... — fusiforme... 3e Circonvolution occipitale .... } Région occipito-temporale
LOBE TEMPORAL	Région temporale inférieure.	2e Circonvolution temporale .... 3e Circonvolution temporale .... } Région occipito-temporale
	Région temporale externe.	1re et 2e Circonvolutions temporales.
	Région temporale supérieure.	1re Circonvolution temporale.— Parties antérieure et moyenne.
	Région rétro-insulaire de Broca.	1re Circonvolution temporale.— Partie postérieure élargie qui comprend 1, 2, 3 plis de passages profonds unissant la 1re Circonvolution temporale aux Circonvolutions pariétales. Circonvolution de Heschl ou temporale transverse antérieure.
LOBE DE L'INSULA DE REIL OU LOBULE DU CORPS STRIÉ	Région insulaire antérieure ou fronto-insulaire.	Circonvolution antérieure de l'Insula.
	Région insulaire postérieure ou temporo insulaire.	Circonvolution postérieure de l'Insula.

GRAND LOBE LIMBIQUE DE BROCA

Région limbique supérieure ou fronto-pariétale.
- 1re Circonvolution limbique ou Circonvolution du corps calleux.
- Isthme du corps calleux.

Ces deux régions sont réunies en avant par le lobe olfactif.

Région limbique inférieure ou sphéno-occipitale
- 2e Circonvolution limbique ou circonvolution de l'Hippocampe.
- Lobule de l'Hippocampe.
- Crochet de l'Hippocampe.
- Subiculum cornu ammonis.
- Circonvolution godronnée.

Lobe olfactif antérieur.
- Bulbe olfactif.
- Pédoncule olfactif.
- Tubercule ou trigone olfactif.
- Carrefour olfactif de Broca.

Lobe olfactif postérieur.
- Espace perforé antérieur.
- Bandelettes diagonales de Broca

SCISSURES LIMITANT LES LOBES
- Scissure de Sylvius.
- — de Rolando.
- — pariéto-occipitale.
- — Calcarine.
- — Limbique,
  - Calloso-marginale.
  - Sous-pariétale.
  - Collatérale.
  - de l'Hippocampe.

SILLONS LIMITANT LES CIRCONVOLUTIONS
- 1er Sillon frontal.
- 2e Sillon frontal.
- Sillon fronto-marginal de Wernick.
- Sillon prérolandique supérieur.
- — — inférieur.
- — interpariétal.
- — intermédiaire de Jensen.
- — préoccipital.
- — occipital antérieur.
- 1er Sillon occipital ou occipital supérieur ou interoccipital.

SILLONS LI-MITANT LES CIRCONVO-LUTIONS (*suite*)	2° Sillon occipital ou occipital transverse. 3° — — ou — inférieur. 1er Sillon temporal ou sillon parallèle. 2° — — 3° — —	
	Sillons marginaux de l'Insula	Marginal antérieur, — supérieur, — postérieur
	Sillon du cunéus. — du lobule lingual. — intra limbique. Sinus du corps calleux. Sillon fimbrio-godronné. Sillon olfactif.	

TABLE DES MATIÈRES

I

	PAGES
Introduction	I-V
L'Âme existe-t-elle scientifiquement.	
Le Cerveau chez l'Être pensant	1
Anatomie cérébrale § 1	1
Cellule nerveuse cérébrale § 2	3
Figure 1	4
Activité nerveuse § 3	7
Topographie et localisations cérébrales	13
Figure 2	17
Formation des images cérébrales	22
Empreinte cérébrale § 1	22
Image cérébrale § 2	26
Mémoire § 3	28
Idées acquises § 4	31
Centre d'imagination sensible § 5	32
Figure 3	34
De l'extériorisation des images cérébrales	36
Gestes, parole, écriture § 1	36
Figure 4	38
Figure 5	43
Figure 6	46
Centre d'imagination verbale, centre d'imagination automatique § 2	40
Figure 7	50
Figure 8	52

— 170 —

Centres généraux d'imagination ou sensitivo-
    moteurs § 3 54
Figures 9 et 10 57
Figure 11 58
Intelligence physiologique § 4 59
Conclusions 60

II

Nécessité scientifique de l'existence de l'Ame.
*L'organisation spéciale de la substance céré-
    brale et son fonctionnement physiologi-
    que peuvent-ils expliquer tout ce qui se
    passe dans le cerveau de l'homme pen-
    sant ?* 63
Abstraction ou vibration interne 69
Figure 12 70
Qu'est-ce que l'idée pour les philosophes § 2. 72
Idée innée § 3 74
Idée héréditaire § 4 82
Relation intime de l'extériorité et de l'inté-
    riorité § 5 86
Figure 13 87
Objection et réponse § 6 88
Déductions — Conscience, jugement, raison,
    volonté § 7 97
Conclusions 100

III

*Si l'âme existe scientifiquement, comment un
    médecin peut-il la concevoir ?* 103
Qu'est ce que l'homme § 1 103
Qu'est ce que la vie § 2 110
Rapport entre la moëlle épinière et le cer-
    veau § 3 114

Rapport entre le cerveau et le principe de vie conscient § 4............ 118
Analyse de l'âme humaine § 5............ 119
Conclusions............ 124

IV

Si le cerveau est le seul mode pour l'âme de connaître et d'agir, ce mode matériel laisse-t-il à l'homme sa responsabilité et peut-on, dans le cas ou celle-ci existe, l'apprécier moralement ?............ 127
De l'hérédo-atavisme § 1............ 127
De l'acquisivité § 2............ 134
Irresponsabilité et responsabilité § 3............ 140
Conclusions § 4............ 144

V

L'humaine inappréciabilité de la responsabilité n'est-elle pas l'équivalent de l'irresponsabilité ?............ 145
Qu'est-ce que la liberté § 1............ 146
Liberté humaine § 2............ 147
Libertés individuelle, d'action, sociale § 3............ 148
État ou agent de garantie des libertés § 4............ 150
Conclusions § 5............ 153

VI

Appendice............ 155
Cérébroses et non psychoses § 1............ 155
Dualité cérébrale § 2............ 161
Division artificielle du cerveau § 3............ 164

BEAUNE. — IMP. ARTHUR BATAULT

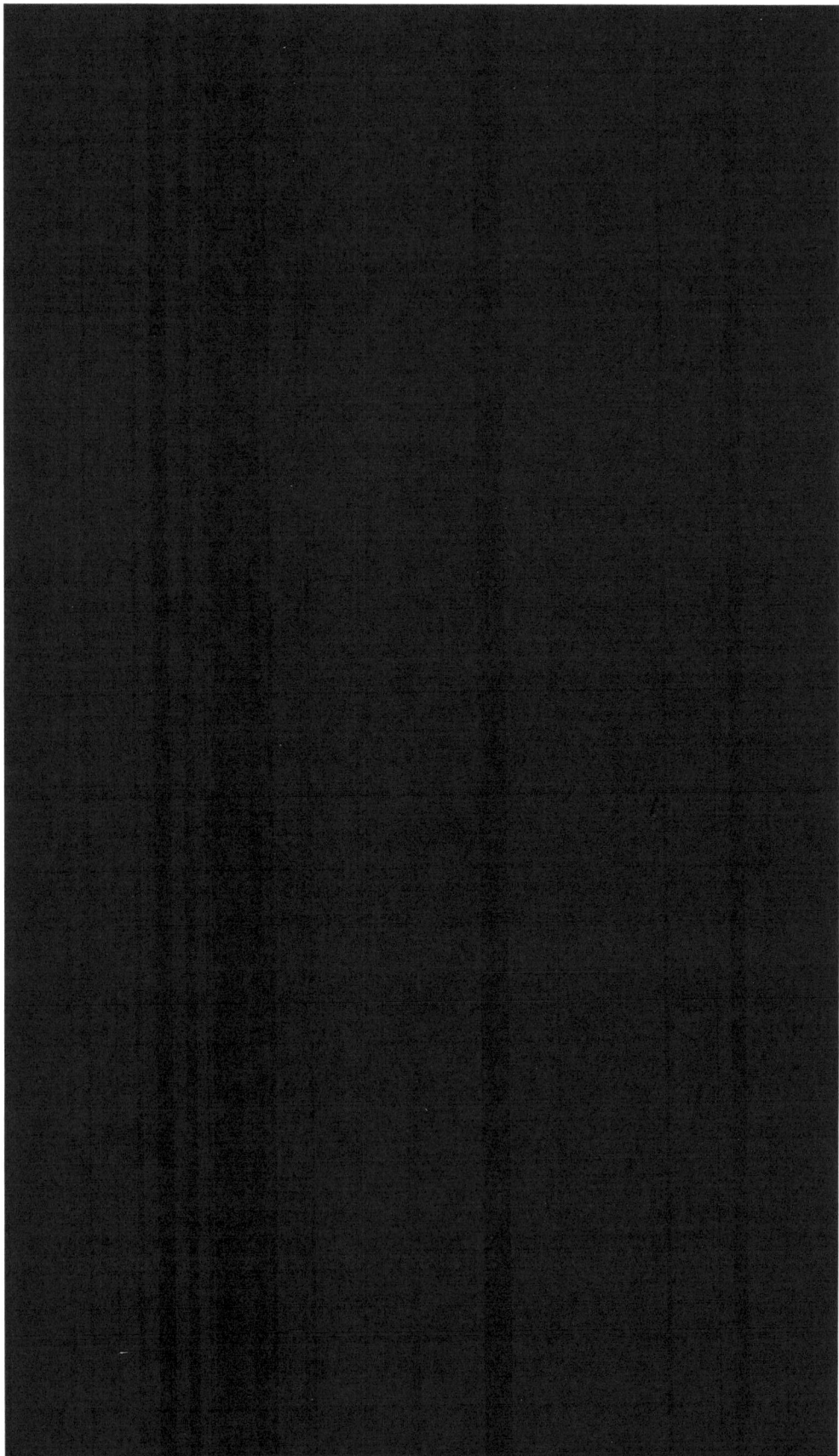